JN068983

愛知県・岐阜県の各地を結ぶ懐かしい電車の思い出

名古屋鉄道

1960年代〜70年代の写真記録

写真：西原 博　解説：安藤 功

◎須ヶ口　1966（昭和41）年12月30日

.....Contents

1章 カラー写真でよみがえる名古屋鉄道

2章 モノクロ写真でよみがえる名古屋鉄道【路線編】

3章 モノクロ写真でよみがえる名古屋鉄道【車両編】

木曽川を渡った3550。
◎新鵜沼～犬山遊園　1981（昭和56）年9月

はじめに

　1960 〜 70年代の名古屋鉄道は、全国初となる特別料金が必要としない冷房車の5500系、そして展望席を設けたパノラマカーが登場している。しかしその一方で支線区には戦前の木造車や半鋼製も多く残っていたが、3700系シリーズに車体更新され、それらの車は淘汰されていく。

　また名古屋本線に接続する架線電圧600Vの支線区は電車が直通できるように1500Vに昇圧され、新名古屋駅から各方面に直通特急が走るようになり、支線区の観光地に向けてと、本線の都市間連絡に座席指定特急が登場したのもこの頃。

　残された600V線区の瀬戸線や揖斐・谷汲線は昇圧された線区や本線系から半鋼製電車が改造転用され車両の体質改善を行っている。路面電車も古い木造単車が残っていたが、岡崎市内線は起・高富線に続いて少ない投資で輸送力増強が出来るバスに置き換えられ、岐阜市内線は北陸鉄道金沢市内線廃線による余剰車で体質改善が図られた。美濃町線は田神線の建設と複電圧車モ600形登場で新岐阜駅へ乗り入れるようになる。

　70年代前半までは施設の更新による直通運転が主であったが、70年代後半からは知多新線・瀬戸線栄町乗入れ・豊田線など新線建設でさらなる飛躍を遂げることになる。

2023年 3月　安藤 功

1章
カラー写真でよみがえる
名古屋鉄道

◎須ヶ口　1966（昭和41）年12月30日

名鉄電車沿線御案内図【1947（昭和22）年】（所蔵・解説　生田誠）

1947（昭和22）年4月に発行された名鉄電車沿線御案内図である。1935（昭和10）年に誕生した名古屋鉄道（名鉄）は、1944（昭和19）年に碧海電気鉄道、谷汲鉄道などを合併し、東西連絡線も開通させるなど、路線を拡大して発展を遂げていた。この路線図は当時の名鉄路線をオレンジ色で描き、沿線の名所、観光地を丁寧に取り上げ、釣り人や登山客なども登場させている。娯楽が少なかった戦後間もなくの地図にしては珍しく、明るく楽しい案内図になっている。

7

名古屋鉄道の沿線地図【1966（昭和41）年】（解説　生田 誠）

豊橋、豊川稲荷付近

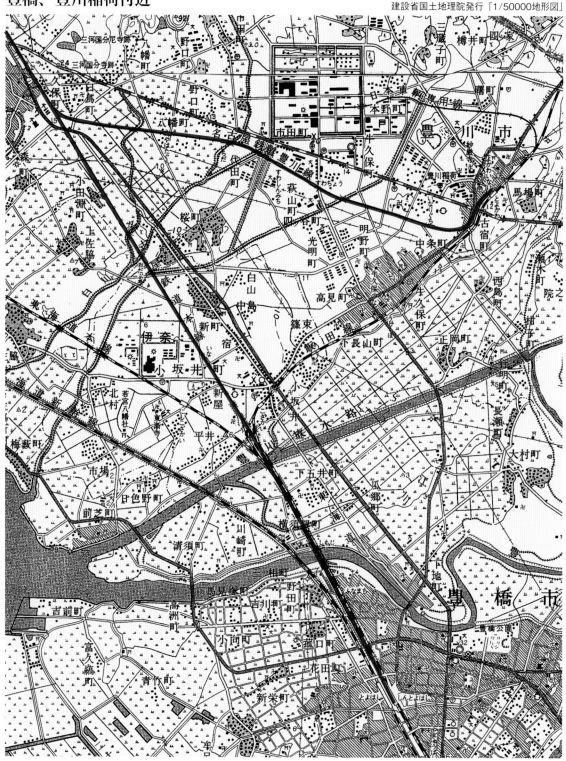

建設省国土地理院発行「1/50000地形図」

東海道本線、東海道新幹線と名鉄名古屋本線が通る豊橋市周辺の地図であり、北側には国鉄の飯田線、名鉄の豊川線が走る豊川市が広がっている。豊橋市の玄関口は国鉄・名鉄の豊橋駅であり、豊橋鉄道渥美線の新豊橋駅、東田本線の駅前停留場と連絡している。1943（昭和18）年に成立した豊川市は戦後、周辺の町村を次々と編入してゆき、2010（平成22）年には飯田線の小坂井駅、名鉄名古屋本線の伊奈駅などがある小坂井町を編入した。

東岡崎付近

建設省国土地理院発行「1/50000地形図」

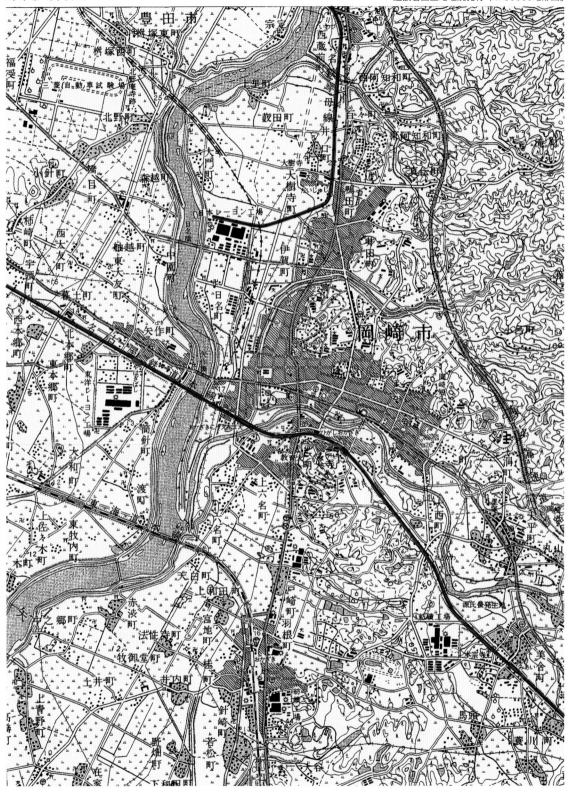

矢作川が流れ、矢作橋が見える。名鉄の東岡崎駅と国鉄の岡崎駅付近の地図で、両駅の間にはかなりの距離があること
がわかる。東岡崎駅の隣駅である岡崎公園駅は、1976（昭和51）年に国鉄岡多線が開業したことに合わせて移転し、同線
の中岡崎駅との接続駅となった。現在は愛知環状鉄道線と連絡している。また、中岡崎駅と岡崎駅の間には六名駅が置
かれている。1916（大正5）年に成立した岡崎市の中心部は、乙川の北側に存在している。

知立、今村付近

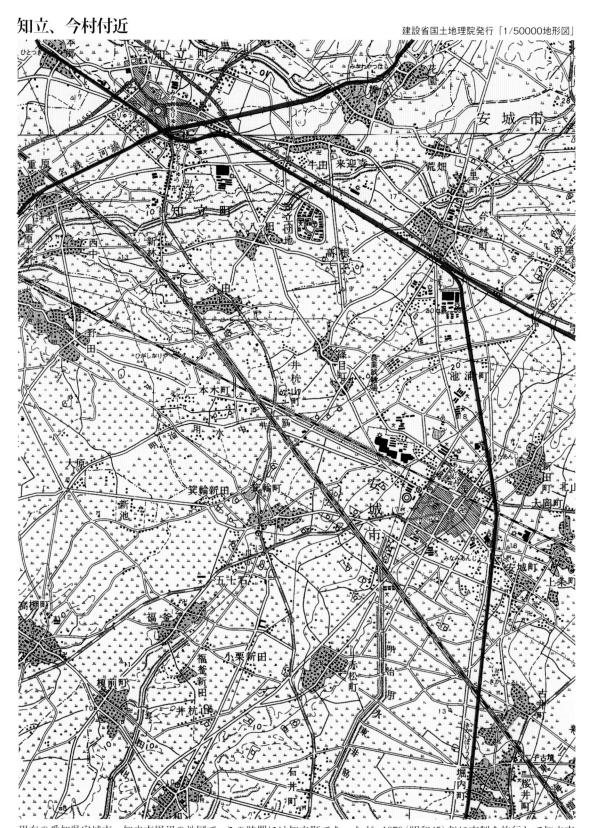

現在の愛知県安城市・知立市周辺の地図で、この時期には知立町であったが、1970（昭和45）年に市制を施行して知立市
に変わった。名鉄名古屋本線には知立駅、三河線には三河知立駅が置かれているが、JR駅は存在しない。一方、安城市
には東海道本線の安城駅が存在し、1988（昭和63）年には東海道新幹線に三河安城駅が誕生している。名古屋本線と西
尾線が分岐する今村駅は1970（昭和45）年、新安城駅に駅名を改称した。

鳴海、太田川付近

建設省国土地理院発行［1/50000地形図］

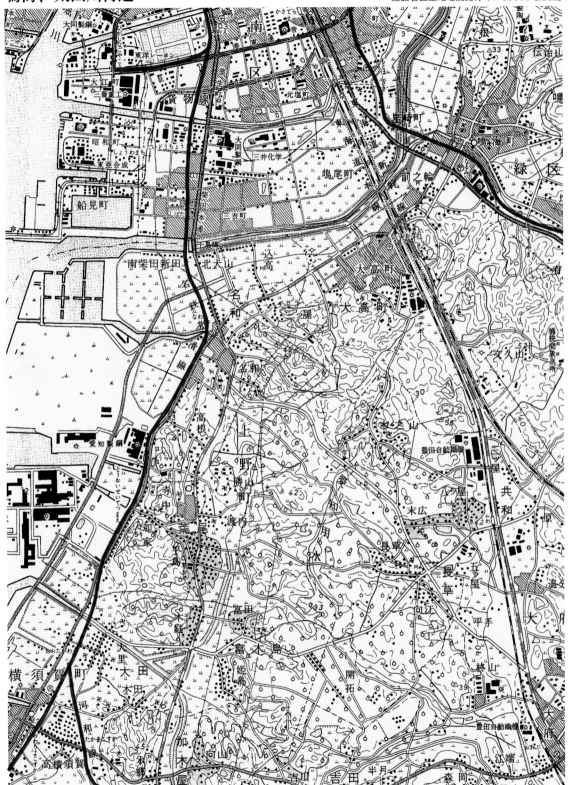

名鉄常滑線が通る名古屋市・東海市付近の地図で、東側には東海道本線、東海道新幹線が走っている。さらに東側には
名鉄名古屋本線が通り、本笠寺駅、本星崎駅が置かれている。国鉄の大高駅は明治以来の古参駅だが、笠寺駅は1943（昭
和18）年開業の比較的新しい駅である。北側に見える常滑線の大江駅は名古屋市南区にあり、築港線が分岐している。
南側の聚楽園駅は東海市にあり、聚楽園大仏で有名な聚楽園公園の玄関口となっている。

新名古屋、堀川付近

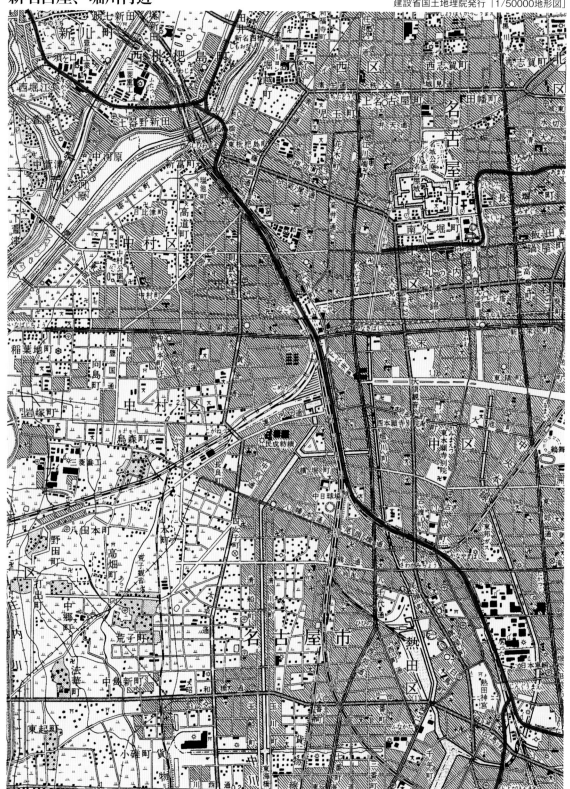

北西に庄内川が流れる名古屋駅周辺の地図である。名古屋駅は国鉄の東海道本線・中央本線・関西本線・東海道新幹線の駅であり、名鉄名古屋駅と近鉄名古屋駅も置かれている。名鉄名古屋駅の隣駅は山王駅と栄生駅だが、並行する東海道本線には接続する駅は置かれていない。地図では庄内川を挟んで名鉄の東枇杷島駅と西枇杷島駅が存在している。両駅の中間には犬山線と分かれる枇杷島分岐点があり、枇杷島トライアングルを形成している。

新一宮付近

建設省国土地理院発行「1/50000地形図」

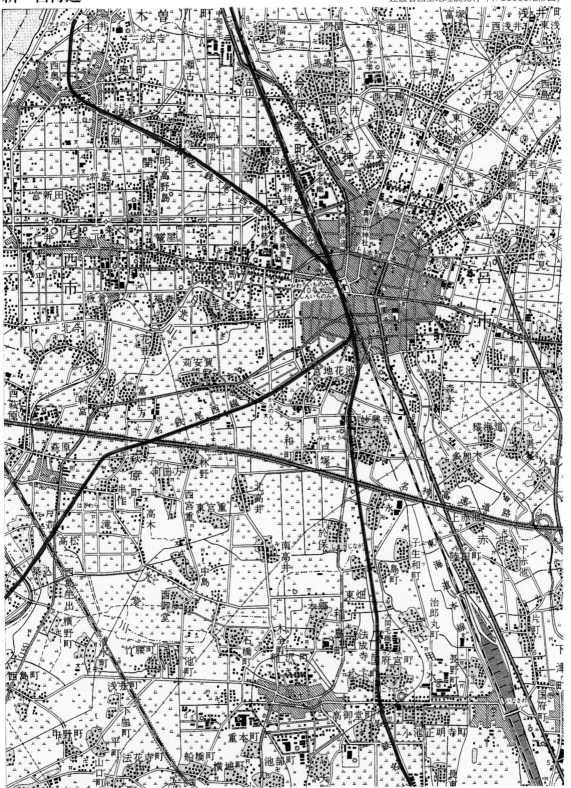

名鉄線と国鉄線、名神高速道路が通っている愛知県一宮市の尾張一宮駅周辺の地図である。名神高速道路の一宮インターチェンジは地図の右下に見えるが、現在は名鉄尾西線との交差点の東側に一宮ジャンクションが誕生し、東海北陸自動車道の一宮稲沢インターチェンジが誕生している。国鉄の尾張一宮駅と一体化している名鉄の新一宮駅は2005（平成17）年に名鉄一宮駅と改称し、両駅合わせて一宮総合駅とも呼ばれている。

新岐阜付近

建設省国土地理院発行「1/50000地形図」

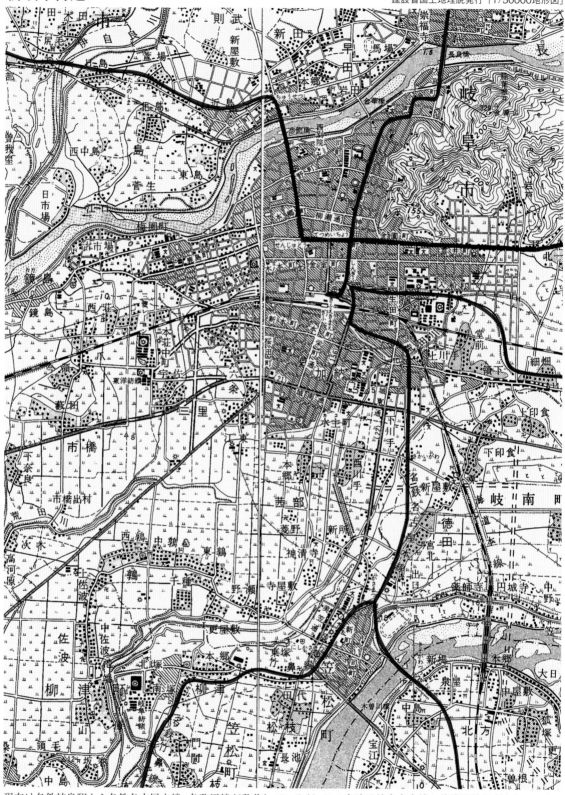

現在は名鉄岐阜駅から名鉄名古屋本線、各務原線が発着しているが、この当時は岐阜市内線や美濃町線が存在していた。北側には長良川が流れ、金華橋や忠節橋が掛かっている。忠節橋のたもとは忠節町で、岐阜駅方面に忠節橋通り（国道157号）が延びている。名古屋本線には加納、茶所、境川、笠松、木曽川堤駅が置かれているが、境川駅は1980（昭和55）年に移転し、岐南駅と改称している。岐南駅は岐南町、笠松駅は笠松町に置かれている。

黒野、谷汲付近

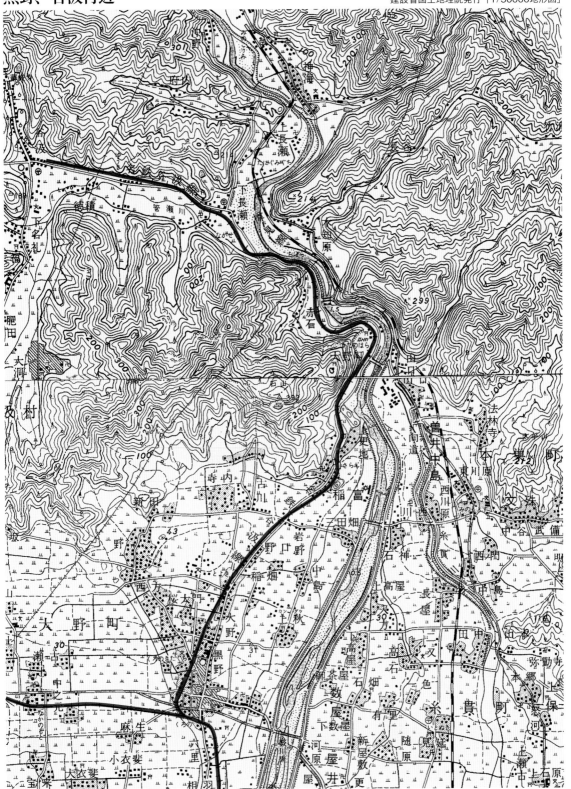

岐阜県北部の谷汲村（現・揖斐川町）まで至っていた名鉄の谷汲線沿線の地図である。この線は1926（大正15）年に開業した谷汲鉄道をルーツとし、2001（平成13）年に廃止された。一方、東側を走る国鉄の樽見線は1984（昭和59）年に樽見鉄道に変わり、1989（平成元）年に神海〜樽見間が延伸して全通している。谷汲線と揖斐線の分岐点だった黒野駅は2005（平成17）年に廃止され、現在はレールパークに変わっている。

西尾、吉良吉田付近

建設省国土地理院発行「1/50000地形図」

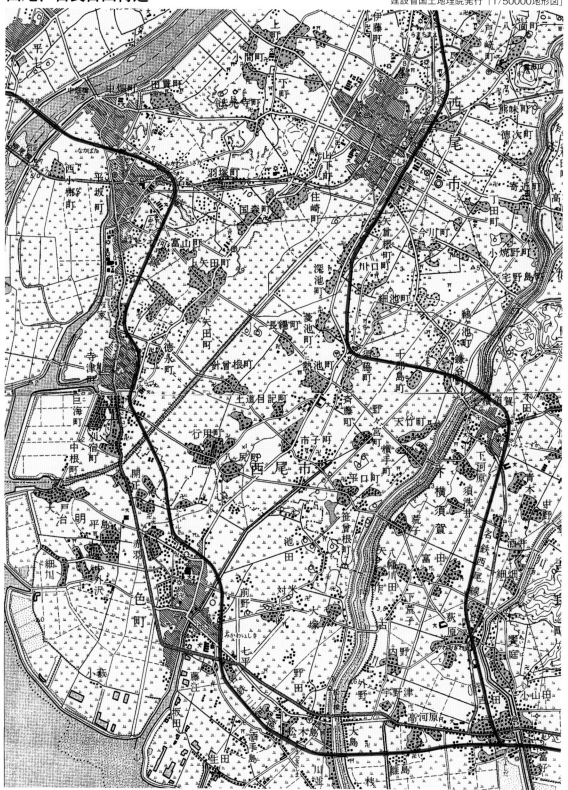

広い市域がある西尾市の地図であり、1953（昭和28）年に発足した西尾市はその後、周辺の幡豆郡にある町村を編入して
いった。2011（平成23）年には地図に見える一色町、吉良町、幡豆町を編入し、現在の人口は約16万７千人となっている。
市内には名鉄の西尾線、蒲郡線が通っているが、この当時は碧南〜吉良吉田間を結ぶ三河線も存在していた。西尾市吉
良町にある吉良吉田駅は、西尾線と蒲郡線の接続駅となっている。

碧南、知多半田付近

建設省国土地理院発行「1/50000地形図」

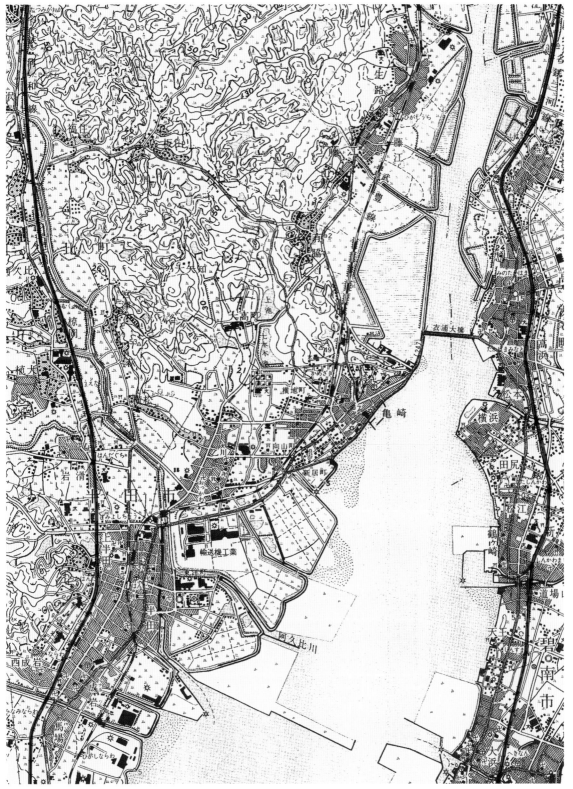

衣浦湾に面した半田市周辺の地図であり、衣浦大橋を渡った対岸は碧南市である。半田市の西側には名鉄の河和線、東側には国鉄の武豊線が走っている。街の中心部にあるのは武豊線の半田駅と、河和線の知多半田駅である。河和線はこの先の知多郡美浜町まで延びている。半田市は1937（昭和12）年に半田町・成岩町・亀崎街が合併して誕生している。衣浦港の埋め立てはこの後に進んで、1971（昭和46）年にほぼ完成している。

豊田市付近

建設省国土地理院発行「1/50000地形図」

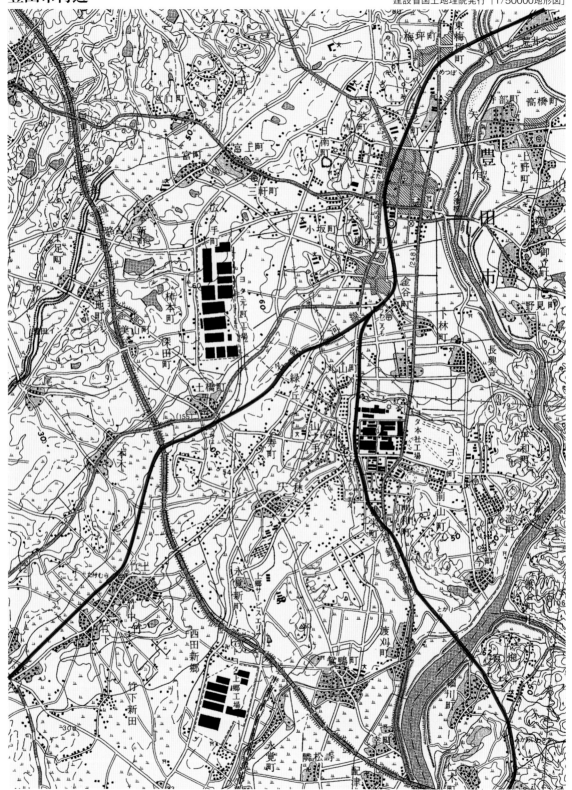

この地図が作成された頃には上挙母駅が名鉄の三河線と挙母線の分岐点となっていたが、1973（昭和48）年に挙母線が廃止された。一方、1979（昭和54）年には名鉄の豊田線の梅坪〜赤池間が開通し、梅坪駅で三河線と接続している。また、愛知環状鉄道線が1988（昭和63）年に岡崎〜高蔵寺間を開通させ、名鉄の豊田市駅の西側に新豊田駅が誕生している。豊田市は1959（昭和34）年までは挙母市を名乗っていた。

大曽根、上飯田付近

建設省国土地理院発行「1/50000地形図」

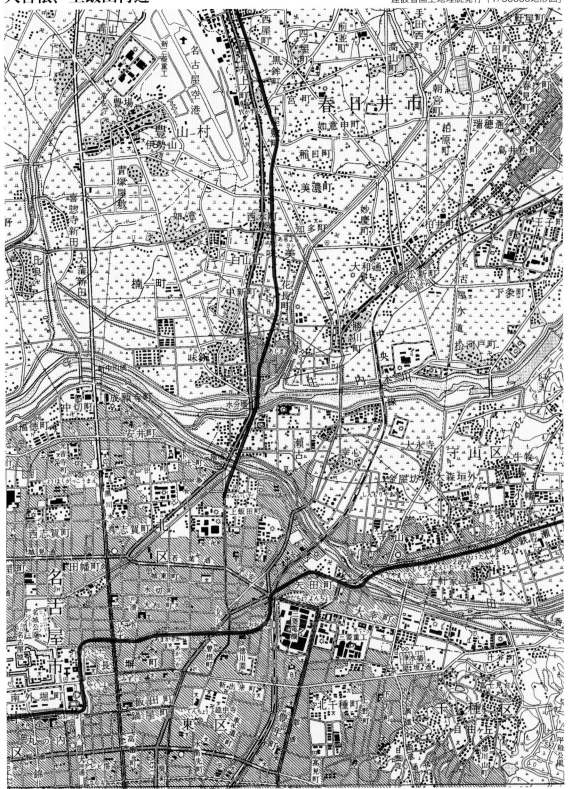

中央下に見える大曽根駅は名古屋市北区と東区の境界に置かれており、国鉄の中央本線、名鉄瀬戸線に加えて、現在は
名古屋市営地下鉄の名城線が乗り入れている。瀬戸線は1905（明治38）年に開業した瀬戸自動鉄道を起源とし、大曾根
駅の開業（1906年）は中央本線に先んじている。守山自衛隊前駅は1905（明治38）年に聯隊前駅として開業してから、
二十軒家駅に変わり、その後も守山町駅、守山市駅と駅名改称を繰り返してきた。

小牧、岩倉付近

建設省国土地理院発行「1/50000地形図」

地図に見える名古屋空港は名古屋市・小牧市・春日井市・豊山村（現・豊山町）にまたがって存在している。空港の東側には名鉄の小牧線、西側には犬山線が南北に走っており、現在はすぐ西に名古屋高速11号小牧線が通っている。名鉄小牧線の小牧駅が小牧市の玄関口であり、小牧線の岩倉駅は岩倉町（現・岩倉市）の中心駅となっている。北側の江南市には布袋駅と古知野駅があり、古知野駅は1981（昭和56）年に江南駅と改称している。

犬山付近

建設省国土地理院発行「1/50000地形図」

名鉄犬山線と各務原線が通る愛知県犬山市付近の地図で、木曽川の対岸は岐阜県各務原市である。犬山線には犬山駅、犬山遊園駅が置かれており、次の新鵜沼駅で各務原線と接続している。このあたりは景勝地として知られており、日本ラインの舟遊びや鵜飼が楽しめるほか、現存12天守のひとつが残る犬山城が観光名所となっている。犬山遊園駅は1926（大正15）年に犬山橋駅として開業し、1949（昭和24）年に駅名を改称している。

津島付近

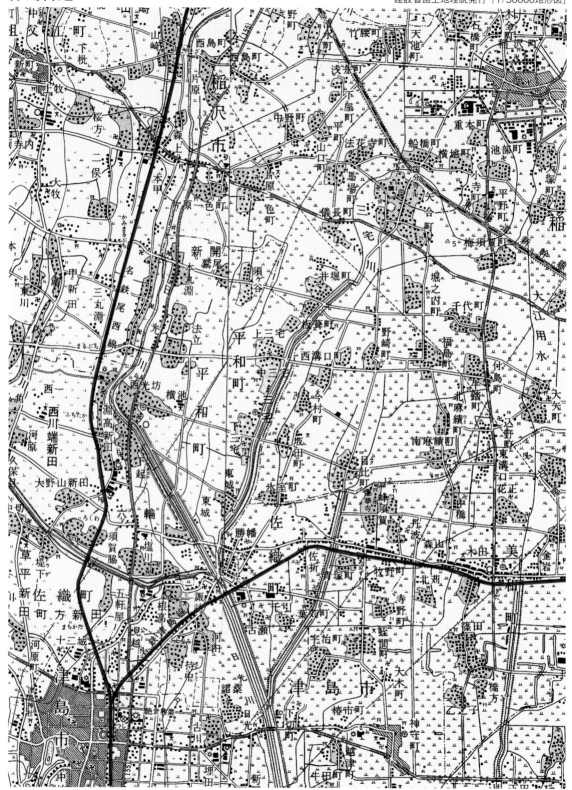

現在の愛知県の津島市、愛西市、あま市、稲沢市あたりの地図であり、名鉄の津島線と尾西線が通っている。この当時は町村合併が行われる前で、佐織町・平和町・祖父江町が存在していた。稲沢市は2005（平成17）年に平和町と祖父江町を編入した。津島市にある津島駅は津島線と尾西線の分岐点で、1898（明治31）年に尾西鉄道の駅として開業している。1914（大正3）年に名古屋電気鉄道の新津島駅が開業し、後に統合された。

竹鼻付近

建設省国土地理院発行「1/50000地形図」

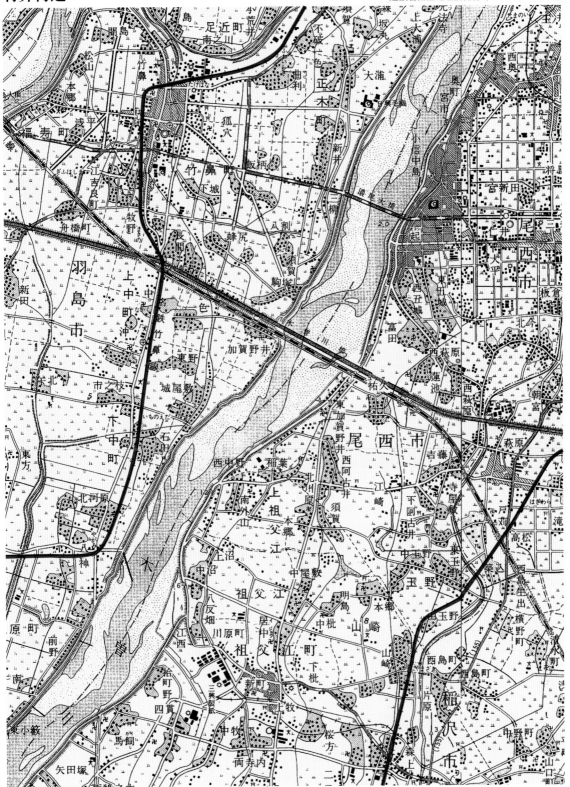

木曽川を挟んで向かい合う、愛知県の尾西市・一宮市と岐阜県の羽島市周辺の地図であり、両県の間を濃尾大橋、木曽川橋などが結んでいる。東海道本線のルートからは外れており、東海道新幹線には岐阜羽島駅が置かれている。このあたりの住民の足となってきたのは名鉄であり、愛知側には尾西線、岐阜側には竹鼻線が通っている。この後、竹鼻線の一部は廃止されるが、1982（昭和57）年には江吉良〜新羽島間を結ぶ羽島線が開通する。

戦前の電車の色は茶色だったが、戦時中の1942（昭和17）年に製造された3500形から濃緑色（ダークグリーン）が登場する。これは戦闘機用の濃緑色の塗料が大量生産さ鉄道車両にも使われるようになったと言われている。
◎栄生　1971（昭和46）年12月30日

1951（昭和26）年に登場した固定クロスシートの3850系は特急色としてサーモンピンクとマルーンのツートンカラーで登場し好評だったので、その後の優等車両の標準色となった。◎茶所　1966（昭和41）年12月30日

愛電3400系は緑濃淡のツートン（後述）で登場したが、1953（昭和28）年の中間車を組み込み4両編成化した際にサーモンピンクとマルーンに塗り替えられている。◎須ヶ口　1966（昭和41）年12月30日

1958（昭和33）年に登場した3700系と1964（昭和39）年に登場した3730系はロングシートながら本線への直通特急を考えてかサーモンピンクとマルーンの当時の特急色で登場した。◎吉良吉田〜三河鳥羽　1966（昭和41）年12月30日

ライトパープルは1966（昭和41）年暮れに登場した3780系から。◎栄生　1967（昭和42）年12月30日

1966（昭和41）年末に3780系が登場するとサーモンピンクとマルーンの2色塗りの車両もライトパープルへの塗替えが始まった。しかしこの色は視認性が悪く翌年夏に取りやめたので、3780系以外は約半年間に重検査を受けた車輌だけで両数は少なく、1970（昭和45）年までには再び塗替えられている。
◎明治村口〜楽田　1967（昭和42）年12月30日

ライトパープルの塗り替え対象はサーモンピンクとマルーンのオールドロマン特急色だったので、3700・3730のHL車のほか3850・3900・5000・5200系の一部にも塗られている。◎広江～新岐阜　1966（昭和41）年12月30日

1967（昭和42）年夏からはライトパープルに変えてストロークリームに赤帯が登場した。この塗装はSR車だけでなく、クロスシート（一部ロングを含む）のAL車とHL車全車に及んだ。しかしSR車は1968（昭和43）年からスカーレットに白帯になり1970（昭和45）年からはスカーレット単色になっている。◎栄生　1971（昭和46）年12月30日

1968（昭和43）年からSR車（5000、5200、5500系）はスカーレットに白帯（150mm）が巻かれる塗装に改めたが、1970（昭和45）年からはスカーレット単色となる。1975（昭和50）年からは600Ｖ線区を含め全車に波及した。
◎左京山　1971（昭和46）年7月16日

1961（昭和36）年に登場したパノラマカーは杉本健吉画伯により大胆なスカーレット一色で登場した。
◎栄生　1971（昭和46）年12月30日

1982（昭和57）年有料特急のサービス向上のためパノラマカー4連の一部の内装を改装し白帯を巻いて特急専用車とした。◎金山橋　1987（昭和62）年7月25日

1965（昭和40）年登場の8000系は国鉄の準急として乗入れたため、国鉄キハ58系と同じクリーム（クリーム4号）に窓周り赤（赤11号）。登場時は運転台周りに赤が回っていたが1976（昭和51）年特急格上げの時に窓下のヒゲ塗装に改められた。◎富山地方鉄道 寺田　1978（昭和53）年

600V線区も本線系と同じ茶色から濃緑色だったが、1955（昭和30）年に塗料メーカーの勧めで瀬戸線に明るい緑色が登場、その後瀬戸線から揖斐線への転属車は色を塗り替えなかったので、この色が標準になったのと、他の600V線区は昇圧されたため600V線区の標準色になった。◎黒野　1965（昭和40）年12月3日

1966（昭和41）年に瀬戸線特急が設定されるが、転換クロスシートに蛍光灯・自動扉、逆富士行先表示器とミュージックホーンも装備しパノラマカーと同じスカーレットを纏った。1970（昭和45）年に白帯が巻かれるが逆富士の関係で正面は下に切れ下がった端部処理がなされいる。
◎大津町〜土居下
1966（昭和41）年8月1日

岐阜市内・美濃町線はオレンジ一色から上が薄青灰色腰回り青に、戦時中にクリームとグリーンの塗り分けになった、北陸鉄道から来た電車エンジとクリームからこの色に塗替えている。後は揖斐線直通急行に塗られた白色にスカーレット。◎岐阜駅前　1969（昭和44）年7月27日

揖斐線急行は1968（昭和43）年に市内線直通電車増発のためモ520形522〜526も改造され、連結器の装備、ブレーキの変更、塗装変更が行われている。しかし制御器は直接制御のままだったため、揖斐線内はモ520形はモ510形に牽引される形がとられたため、折返しは連結順序の変更が必要だった。その後改造され1974（昭和49）年から市内線連結運転を開始している。◎黒野　1969（昭和44）年7月27日

1970（昭和45）年に登場した600形は、SR車と同じスカーレットに白帯を巻いた。ただし帯は正面まで回り幅も200mmと太い。◎日野橋　1970（昭和45）年7月20日

1937（昭和12）年に登場した3400系は茶色一色の電車の中で緑濃淡のツートンを纏いスタイルと共に話題になった。
1993（平成５）年に鉄道友の会エバーグリーン賞受賞記念で登場時の塗装に戻された。
◎御嵩　1995（平成７）年12月８日

1968（昭和43）年9月当時の名古屋鉄道の時刻表

名 古 屋 鉄 道 各 線 ①

9/3 現在　　改正が予定されていますのでご注意下さい。

（名古屋本線）（犬山・各務原線）（犬山・広見線）（小牧線）（西尾・蒲郡線）（常滑線）（河和線）（高山急行）（津島線）（モノレール線）（岐阜市内線）（揖斐線）（谷汲線）（竹鼻線）

ディーゼル特急（豊橋―新名古屋　所要60分　指定料金 100円）　新名古屋発 622.1712　豊橋発 746.1820

新名古屋→明治村口（犬山のりかえ）　所要35～40分　運賃 140円　新名古屋発 922. 947　以後14時まで毎時22分52分発

座席指定急行料金　1等 860円　2等 400円　高山線 188頁参照

岐阜駅前発忠節行 556―2238　所要15分　岐阜駅前発長良北町行1528―2224　所要20分

岐阜駅―忠節　546―2235　5～10分毎　15円

40

2章
モノクロ写真でよみがえる
名古屋鉄道【路線編】

◎中日球場前　1974（昭和49）年3月18日

名古屋本線
（豊橋〜神宮前）

名鉄の豊橋駅は愛知電気鉄道の吉田駅として
1927（昭和2）年に既設の豊川鉄道吉田駅に乗
入れる格好で共同使用駅として開業した。これ
にあわせ三角屋根を持った駅舎に改築。1943
（昭和18）年に豊川鉄道が国有化され国鉄飯田
線となると、東海道本線豊橋駅に統合され、名
古屋鉄道の駅も豊橋駅となった。吉田駅時代
の駅舎は1番線についた国鉄駅舎の北側に独
立して存在したが空襲で焼失。1950（昭和25）
年に全国初の民衆駅として再建されている。
◎豊橋　1971（昭和46）年3月18日

伊奈を出ると名電赤坂まで約8kmの直線線路が続く、この区間は東京〜大阪間の高速電気鉄道建設を目指した東海道電気鉄道の計画に則って建設されたため。軌条も37kgレールに架線電圧1500Vとし100馬力モーター×4の大出力電車が高速で走れる対応とした。他の区間の曲線緩和後は神宮前〜吉田間を57分で結ぶ超特急「あさひ」が運転されている。
◎伊奈〜小田渕　1971（昭和46）年3月18日

豊橋〜平井信号場間は豊川鉄道への乗入れに際し、新たに愛知電気鉄道が単線を敷設し、豊川鉄道と共用で複線とした。線路の所有は平井→豊橋方向が愛電、豊橋→平井方向が豊川とされ、現在も名鉄とJRに引き継がれている。豊橋駅周辺は豊川鉄道の車庫が線路の東側にあったこともあり愛電が西側にホームを設けたので、現在もJR線に挟まれて名鉄のホームがある。写真右側の線路は飯田線貨物用の北部出発線。
◎豊橋〜伊奈
1971（昭和46）年3月18日

豊橋駅を出ると飯田線と共用複線、西側に東海道本線の複線があり、国鉄電車とすれ違う。東海道本線上りの153系は8両編成なので大垣区の快速用編成。船町駅停車中の飯田線電車の先頭はクハユニ56のようだ。四角い架線柱は愛知電気鉄道乗入れの時の建柱と思われる。◎豊橋〜伊奈　1971（昭和46）年3月18日

船町駅を通過するパノラマカー、飯田線の船町・下地の両駅は名鉄電車は通過する。後ろの照明灯が官設鉄道時代の船町貨物駅。かって豊川から船留が掘られ水陸の結節点となっていた。そのため豊川鉄道開業時は新船町駅と名乗り、国有化時に統合されている。手前の2線は東海道本線、豊川放水路橋梁までの区間は3線区間のようになっている。
◎豊橋〜伊奈　1961（昭和36）年8月30日

パノラマカーの展望席から。本宿駅は1926（大正15）年に愛知電気鉄道の駅として開業。鉢地坂にトンネルが出来ると峠の道を新箱根と名付け、ここを通り竹島の蒲郡ホテル（現・蒲郡クラシックホテル）へ愛電自動車がバスを走らせた。駅舎にはホテルに似せて塔屋が設けられている。駅舎側の1番線は荷電ホーム、2番線が下り線の折り返し線で待避不可、3・4番線が本線5番線が上り待避線という構造だった。◎本宿　1971（昭和46）年3月18日

美合駅を出て乙川沿いまで下る区間、すれ違うデキは愛知電気鉄道が1930（昭和5）年と翌年に製造したデキ400形。貨物列車の主力として活躍していたがもう貨物は少ない。かっては今村の愛知紡績、矢作橋の東洋レーヨン、美合からは日清紡績の専用線が接続し、下り線に並行して線路があったが、1966（昭和41）年に廃止されている。古レール造りの跨線橋は現在も残っている。◎美合〜男川　1971（昭和46）年3月18日

昭和40年代に入ると本線のパノラマカーを使った特急以外に急行・準急、さらに支線区直通の特急が多数走り、本線の普通停車駅は1時間以上間隔が空く時があった。同時期並行する国道1号線の整備が進んだのと、パノラマカー特急の最高速度向上のため脚が遅い普通電車を無くしバスにできないか検討されたほど。場所は東岡崎を出て電車道のガードを超えた所、右にカーブした先に見える森は乙川沿いにある岡崎公園のもの。
◎東岡崎〜岡崎公園前　1971（昭和46）年3月18日

今村駅は1923（大正12）年愛知電気鉄道の駅として開業、駅名は旧・東海道沿いにあった「今村」に由来。明治期の合併で安城町となり新たに村落と官設鉄道安城駅つなぐ道（駅西側の踏切）近くに駅が作られている。1926（大正15）年に傍系の碧海電気鉄道が開業し駅南側に接続した。碧海線は愛電と同規格1500V電化で開業したが西尾から先を旧・西尾線を電化改軌して接続するために600Vに降圧した経緯がある。新安城への改称は北口ビルが竣工した翌年の1970（昭和45）年。
◎今村　1966（昭和41）年12月30日

有松駅は愛知電気鉄道有松線の駅として1917（大正6）年の有松裏駅として開業。1923（大正12）年に岡崎線として東への延伸が進むまでは終着駅だった。駅のすぐ南側を手越川が流れるが当時の有松町は川の南側が町域だったため、駅付近は鳴海町裏有松となり駅名となったが、1943（昭和18）年に有松駅に改称される。右手に駅舎があり大府方面への名鉄バスが停まっている。◎有松　1971（昭和46）年9月22日

鳴海駅は愛知電気鉄道有松線の駅として1917（大正6）年に開業。旧東海道の鳴海宿から大高町へ向かう半田街道（駅西側の踏切）に接して駅が設けられた。1930（昭和5）年に車庫が設けられ本線の島式ホームと下り線と車庫線に繋がるホームの2面3線構造（後に上り線側に側線と貨物ホーム増設）だったが、1970（昭和45）年に2面4線の上下待避線を有する構造に改められた。駅舎は1960（昭和35）年の地下道新設の時に改築されている。◎鳴海　1971（昭和46）年6月18日

鳴海駅を通過する三河線直通特急。愛知電気鉄道が岡崎線を延長した時に三河鉄道の知立駅に乗入れる計画だったが交渉がまとまらず、隣接したところに駅を設けたに過ぎなかった。1959（昭和34）年に名古屋本線と三河線の知立駅を統合した現駅が開業すると本線から直通特急が運転されるようになった。快速特急だった時代もあるがこの時期は毎時3本の直通特急が走り知立駅で分割の上、海線・山線へ運転された。◎鳴海　1971（昭和46）年6月18日

神宮前駅は愛知電気鉄道の名古屋側のターミナルであったが、中心部へはさらに路面電車を建設して乗入れる計画であった。しかし既設の名古屋電気鉄道の反対にあい軽便鉄道法の鉄道線として現在の新堀川沿いに東陽町まで免許は受けるが市街地化が進み建設はできなかった。常滑線が東海道本線の東側に出るのはこれらの延伸計画があったため。
◎神宮前　1971（昭和46）年6月18日

神宮前〜有松裏間は愛知電気鉄道有松線として1917（大正6）年に開業し桜駅が設けられた。旧・東海道のすぐ東側を線路は並走するが駅名は東の櫻（今は元桜田町）から取られている。有松線はそのあとに建設される豊橋（岡崎）線の高速志向の路線とは違い集落間を結んだためカーブが多かった。そこで天白川〜神宮前の区間を東海道線に沿った新線も計画されたが、井戸田や笠寺付近の線路付替えで線形が良くなったため立ち消えとなった。
◎桜　1971（昭和46）年3月18日

神宮前駅は国鉄東海道線東側に駅舎があったので当初西口は無く、この場所には熱田駅の船留に入る熱田運河があっ
た。大正期に入ると水運連絡が減ったので愛知電気鉄道が運河を買取り埋立て、豊橋線の東笠寺から別線を作りこの場
所へ入りさらに北へ延伸する計画を立てたが、着工できないまま時は戦時体制になり常滑線輸送力増強に1942(昭和17)
年に神宮前駅(通称西駅)が作られた。1942(昭和17)年常滑線用の神宮前駅(通称西駅)が開業した。1962(昭和37)年現
在の常滑線跨線橋が出来ると貨物駅となり1965(昭和40)年に廃止された。駅ビルの完成は1983(昭和58)年。
◎神宮前　1989(平成元)年4月7日

築港線

大江駅の開業は愛知電気鉄道開業後の1917（大正6）年、最初は大江川右岸近くにあったが1924（大正13）年に築港線が開業すると現在地へ移転した。戦時中になると埋立地の7〜9号地への愛知県有の専用線に築港線・常滑線経由で神宮前・熱田駅から多くの貨物列車が運転されるようになる。戦後新ヤードから大江駅への新線も計画されたがこれは名古屋臨海鉄道の計画に代わり、大江駅の貨物扱いは激減した。電車右側の敷地はかって貨物ヤードがあった場所。
◎大江　1989（平成元）年4月7日

築港線の東名古屋港駅は1924（大正13）年に西六号駅として開業。大正期に県営事業で埋立てた6号地へ進出した三菱の工場へ接続し、現在の駅より400m西側に位置する。1932（昭和7）年東名古屋港駅に改称した頃に現在地に東名古屋港東口と呼ばれる旅客ホームを作り旅客はここで扱った。戦時中は大江駅との間が複線化され軍需工場への工具輸送が行われた。戦後も昭和40年代まで常滑線からの直通電車が入っている。◎東名古屋港　1989（平成元）年4月7日

名古屋本線(神宮前〜枇杷島分岐点)

神宮前駅ホームから御田踏切を望む、踏切北側の電車の右側に0kmポストがあるが名古屋本線と常滑線のもの、踏切南のホーム沿いに東西連絡線の0kmポストがある。名古屋中心部への延伸を望んでいた愛電だったが1935(昭和10)年の名岐との合併で名古屋鉄道の成立、1937(昭和12)年国鉄名古屋駅移転に伴う跡地の取得により新名古屋駅地下トンネル建設で愛電(東部)と名岐(西部)を結ぶ東西連絡線が1944(昭和19)年に完成した。
◎神宮前　1966(昭和41)年12月30日

1944(昭和19)年東西連絡線の山王駅として開業。駅名は駅北側の現在の山王通りが中世の時代の小栗街道(鎌倉街道)で古渡町にある古渡山王稲荷社に由来する。戦後名古屋紡績があった跡地に中日スタジアム(中日球場)が出来ると1956(昭和31)年に中日球場前駅に改称される。金山橋〜山王間の下り線は国鉄中央本線の線路移設して敷かれたが、元々は東海道本線が単線だった頃の線路敷。
◎中日球場前
1974(昭和49)年3月18日

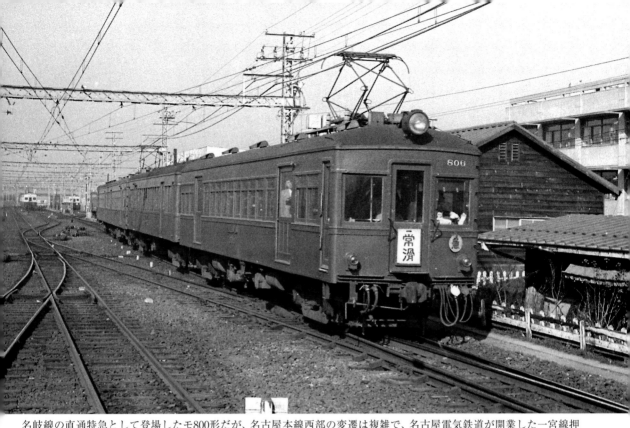

名岐線の直通特急として登場したモ800形だが、名古屋本線西部の変遷は複雑で、名古屋電気鉄道が開業した一宮線押切町～枇杷島橋、津島線枇杷島橋～須ヶ口、清州線須ヶ口～丸ノ内、名古屋鉄道（初代）になったあとに尾西鉄道中村線新一宮～国府宮、尾西鉄道合併後に名岐線国府宮～西清州（新清洲）～丸ノ内、美濃電合併後に笠松～新一宮が開業し既設の笠松線とあわせ須ヶ口～新岐阜間が名岐線とされた。◎栄生　1971（昭和46）年12月30日

3800系は西部線昇圧により東西直通運転用に登場したが、新名古屋駅を含む東西連絡線は戦時中に進められ1941（昭和16）年に新名古屋〜枇杷島橋が開業し枇杷島橋〜押切町間を廃止、新名古屋〜新岐阜間が名岐線になる。1944（昭和19）年に神宮前〜金山橋〜新名古屋間が開業して線路はつながったが、架線電圧が異なるため金山橋駅で乗換えが必要だった。1948（昭和23）年に西部線が昇圧して直通電車が走り出すと豊橋〜新岐阜間が名古屋本線となった。
◎栄生　1966（昭和41）年1月4日

名古屋本線（枇杷島分岐点～新岐阜）

西枇杷島駅は1914（大正3）年名古屋電気鉄道津島線の駅として開業するが1918（大正7）年までの間に一宮線と結ぶデルタ線が形成され、貨物駅として賑わうようになる。駅を跨ぐ跨線橋は1934（昭和9）年架橋の美濃街道のバイパス、跨線橋向こうの左側に貨物ホームがあった。戦後庄内川の中州だった枇杷島を崩し河川改修を行い1949（昭和24）年に枇杷島橋駅が廃止された時に代替として西枇杷島駅構内が整備された。◎西枇杷島　1968（昭和43）年8月6日

須ヶ口駅は1914（大正3）年名古屋電気鉄道津島線の駅として開業し、同年9月に清洲線開業で分岐駅となる。1929（昭和4）年に岩倉から検車区移転し駅に併設して新川検車区が開設している。駅構内を出ると先に開通した津島線が大きく左に曲がるが、カーブの先で美濃街道と交差するため、清洲線は街道と並行するため右に曲がる。1966（昭和41）年12月の改正で津島線の特急は毎時2本となり津島線内はノンストップだった。
◎須ヶ口　1966（昭和41）年12月30日

茶所駅は1914（大正3）年美濃電気軌道
笠松線の上川手駅として開業するが半
年ほどで茶所駅に改称している。駅の
北側の踏切が中仙道、駅西の交差点を
南北に通る道が御鮨街道でかつて茶屋
があった事が駅名の由来。駅南側にあ
った電留線を拡張し1956（昭和31）年に
茶所検車区が開設。電車は新岐阜駅と
の間を回送で出入庫した。
◎茶所　1966（昭和41）年12月30日

新岐阜駅を出ると単線高架橋で東海道線を跨ぐが、1948（昭和23）年に名岐線の新岐阜駅が現在地へ移転する前は左端
付近から左へ曲がり国鉄駅横へ降りた所が旧・新岐阜駅だった。以前は線路の右側に跨線橋の道路があったが1956（昭
和31）年に新しい東陸橋ができ、翌1957（昭和32）年に広江〜新岐阜間が跨線橋の部分を除いて複線化・曲線勾配緩和化
が行われている。◎新岐阜　1966（昭和41）年12月30日

新岐阜駅を出る竹鼻線直通大須行き急行。竹鼻線は笠松駅で名古屋本線から分岐するが、竹ヶ鼻町は水運の中継地・美濃縞の生産地で、美濃電笠松線が開業すると竹鼻鉄道が竹島駅から(二代目)笠松駅までを建設し移転した美濃電の駅に接続した。今の笠松駅は名岐線が開業した1935(昭和10)年に(二代目)新笠松駅として設けられ翌年(四代目)笠松駅と改称される。終点の大須は長良川右岸の何もない所だが、長良川を渡りおちょぼ稲荷を通り今尾町まで延伸計画だったが架橋ができなかった。◎新岐阜　1966(昭和41)年12月30日

犬山線

犬山遊園駅は1926（大正15）年に名古屋鉄道（初代）の関線犬山橋駅として開業、同年新鵜沼駅まで延伸すると犬山線に編入された。1944（昭和19）年休止するが1947（昭和22）年営業再開する。犬山遊園地は1925（大正14）年に犬山城東側の土地に開設した遊園地、戦時中は開墾され芋畑となっていたが戦後整備され、1949（昭和24）年「こども博覧会」を開催に合わせて駅名も犬山遊園駅に改称された。◎犬山遊園　1965（昭和40）年12月30日

1950年代に入ると駅東側に犬山自然公園が整備され隣接してピクニックランドができた。1960（昭和35）年通園営業開始に際し名称が公募されラインパークとなり、1962（昭和37）年にはモノレール線が開業し本格的な遊園地が整備されたので、犬山遊園地の跡地には1965（昭和40）年名鉄犬山ホテルが建てられた。昔の駅舎は線路西側、電車の右側にあり、ホームは名古屋方面ホームの北端に島式ホームがあった。◎犬山遊園　1965（昭和40）年12月30日

犬山遊園駅への改称の頃に現在のホームに改築、曲線緩和・延長・拡幅が行われる。旧線は２番ホーム側へＳ字カーブを描き橋手前のホームにむかっていた。これは犬山橋架橋前の旧道で、西側に新道が出来たので道路跡に線路を敷いたため。そのため改築後は駅東側にスペースができたが、これを使って1962（昭和37）年に新駅舎とモノレールの駅が２番ホーム上に建設されている。◎犬山遊園　1965（昭和40）年12月30日

犬山遊園駅を出ると道路上の併用軌道に入り犬山橋を渡る。かってすこし下流に内田の渡があり尾張と中仙道をつなぐ道だった。1921（大正10）年に国鉄高山線が開業すると名古屋電気鉄道は岐阜県への延伸を計画し、愛知県・岐阜県・名古屋電気鉄道の三者で費用を出し架橋が決まり1925（大正14）年に曲弦ワーレントラス240ft 3連の道路併用橋である木曽川橋（犬山橋）が完成した。◎犬山遊園　1965（昭和40）年12月30日

各務原線

新那加駅は1926（大正15）年に美濃電気
軌道の子会社だった各務原鉄道が各務野
（かがみの）駅として開業、同年のうちに
新那加駅に改称し各務野の名前は補給部
前（現・三柿野）駅が改称されている。
国鉄那加駅に隣接し線路は繋がっており
貨車の授受が行われた。特に朝鮮戦争で
は接収された各務原空港が兵站基地にな
り名鉄の蒸気機関車だけでなく米軍購入
のディーゼル機関車や国鉄機（C11）も
入線し24時間体制で輸送が行われた。写
真左端の線が国鉄につながっている。
◎新那加　1965（昭和40）年12月30日

各務原線の新岐阜駅は1928（昭和3）年に各務原鉄道の長住町駅として安良田駅から延長開業。安良田駅は御鮨街道と交差し岐阜市街地への入口だった。その先は官設鉄道開業当時の加納（岐阜）駅跡地が使われた。1948（昭和23）年に名岐線の駅と統合に向けて改修、同年新岐阜駅に改称している。
◎新岐阜　1970（昭和45）年7月20日

新那加駅には各務原鉄道時代から車庫が置かれていた、写真右側に電車用の木造3線分の那加車庫があり、左の4番線側には貨物用蒸気機関車の駐泊所があった。貨物輸送は朝鮮戦争が休戦後の1955（昭和30）年には運行が終了しているが設備は残っている。那加車庫も1964（昭和39）年各務原線昇圧で犬山線と直通運転が始まると廃止されている。
◎新那加　1965（昭和40）年12月30日

1970（昭和45）年に留置線部分を改修し美濃町線乗入れ用の7番線を新設している。電車の所から分岐する線は名岐線との統合時に旧・新岐阜駅での市内線との接続が切られるので設けられた。各務原線昇圧後はデッドセクションが追加されている。7番線は6番線途中から分岐するので、手前側の第一出発とホーム先に第二出発信号機がある。
◎新岐阜　1970（昭和45）年7月20日

1948（昭和23）年の名岐線との統合時に現在の各務原線の駅の基本が出来上がった。それ以前の駅は電車の奥側にある各務原線新岐阜駅舎の位置にあった。1970（昭和45）年に2両分の低床ホームが設けられ美濃町線が乗り入れる。奥の工事中の建物は新岐阜百貨店の増床工事。◎新岐阜　1970（昭和45）年7月20日

小牧線

明治村口駅は1931（昭和6）年名岐鉄道大曽根線の羽黒駅として開業。この付近が羽黒村の中心部だった。1966（昭和41）年に駅東の入鹿池湖畔に博物館明治村がオープンすると最寄り駅となり、駅西側にあった貨物施設の跡地にバス乗り場が作られた。しかし本線から直通特急が運転されるようになると手狭になり、東側の1線を撤去し棒線化してバスの通路とし、駅南側にロータリを設けて乗り場を移設した。1985（昭和60）年に犬山駅東口が出来てバスがそちらへ移ると駅名も羽黒駅に戻されている。◎明治村口　1967（昭和42）年12月30日

上飯田〜新小牧間は1931（昭和6）年名岐鉄道城北線として開業、当時は非電化でガソリンカーで運転していた。犬山まで全通すると大曽根線と改めるが、上飯田から先は東大曽根まで建設予定だったが市街化が進み建設は立ち消えになった。小牧線になるのは1948（昭和23）年。場所は小牧線矢田川橋梁デッキガーター10連、北側にある庄内川橋梁はワーレントラス4連とプレートガーターで渡っている。◎味鋺〜上飯田　1988（昭和63）年11月4日

三河線

官設鉄道の刈谷駅は1888（明治21）年
開業、駅は街の東側外れの明治用水
西井筋とあわせて整備なおされた師
崎街道との交点に設けられ、周りに
は何もなかったが、1914（大正3）年
に三河鉄道の新刈谷駅が開業、1923
（大正12）年に国鉄と共同使用駅とな
り西三河地区の交通結節点となる。
手前の3線は国鉄の側線、奥の3線
は名鉄の側線で貨車の入換が行われ
るが撮影日は年末で貨車の姿はない。
電車は新造直後の3780系。
◎刈谷　1966（昭和41）年12月30日

吉良吉田駅の構内西側、三河鉄道の
三河吉田駅は1928（昭和3）年、今の
駅の西側に開業した。1943（昭和18）
年に駅が現在の位置に統合移転する
と三河鳥羽方面は西尾線と直通する
ため600Vに降圧、三河線は三河吉田
駅で折り返した。その後西尾線は碧
西線と改称されるが1948（昭和23）年
に現在の西尾・三河・蒲郡線と改称
された。吉良吉田駅と改称されるの
は1960（昭和35）年。電車の後ろに貨
物上屋が見えているが、これが昔の
駅の位置。
◎吉良吉田
1966（昭和41）年12月30日

吉良吉田駅の東側矢崎川の鉄橋。1916（大正5）年に写真の右岸やや後ろにあった吉田港駅まで西尾鉄道が開業する。愛電に合併後1928（昭和3）年に改軌電化されると吉田港駅は廃止されるが、翌年 三河吉田～三河鳥羽間を開業した三河鉄道によりこの鉄橋が架けられる。両社が合併されたあと先の廃線跡を活用して西尾線が三河線の三河吉田駅近くに延伸。1943（昭和18）年に両線の駅が統合移転、現在の駅の形が出来上がる。
◎吉良吉田～三河鳥羽　1966（昭和41）年12月30日

拳母線

拳母線の大樹寺～三河岩脇間は1924（大正13）年に岡崎電気軌道の郡部線として開業した区間。三河岩脇～上拳母間は岡崎電軌が免許を取得し同社を合併した三河鉄道が1929（昭和4）年に開業し線名は岡崎線となった。その後三河鉄道は系列の新三河鉄道に名古屋市内～拳母間の免許を取得、名古屋～岡崎の第二の鉄道ルートも視野に入れていた。この区間の免許は後に豊田線の建設に使われることになる。
◎大樹寺～百々
1961（昭和36）年8月30日

名鉄に合併時は岡崎線だったが1948（昭和23）年に挙母線に改称される。三河鉄道は碧海地区貨物の貨物輸送が盛んだったが、挙母線内も1935（昭和10）年大樹寺に日本レーヨン（現・ユニチカ）岡崎工場が、1932（昭和12）年広大な安価な地価の原野と鉄道輸送がある理由でトヨタ自動車が進出し三河豊田（トヨタ自動車前）駅が開業している。
◎大樹寺〜百々　1961（昭和36）年8月30日

瀬戸線

サンチャインカーブを行く2302＋902、16m級の車体はカーブ通過には問題なかったが、非常時に先頭車同士を連結した場合尾灯が当たる可能性があったので短く縮めてある。手前の壁は久屋橋のもの、ここにガントレットがあった時代は橋の東側に堀川方面・西側に瀬戸方面のホームがあり、先に来た電車の運転士が信号を青に変えて保安を確保していた。◎大津町～土居下　1966（昭和41）年8月1日

外濠は巨大な堀であったため複線間隔で線路を敷くことができたが、大きな現状変更は認められなかったため掘の角は半径60mのカーブができ≒3チェーンを訛ってサンチャインカーブと呼ばれた。砲車を通すため清水・久屋・本町の橋は土盛のアーチ橋に改築されたが、単線断面で施工したため複線化時にはガントレットという複線の線路を重ねることで橋の下を通した画面の久屋橋は1939(昭和14)年に改築されガントレットは解消している。
◎大津町～土居下　1966(昭和41)年8月1日

瀬戸線は官設鉄道の中央線の誘致に失敗した瀬戸の街の人が、瀬戸と大曽根を結ぶため1905（明治38）年に開業した瀬戸自働鉄道に始まるが官設大曾根駅の開業が遅れたのと名古屋中心部と堀川の水運を結ぶため延伸が計画された。しかし城下町として発展していた中心部は用地確保は難しかったが、名古屋城内に設置された名古屋鎮台と交渉し外濠の中を通る電車が1911（明治44）年に御園橋東詰の御園駅までの区間が開業した。
◎大津町〜土居下　1966（昭和41）年8月1日

後ろに見える橋が大津橋、その先に大津町駅が見えている。かってこの付近に娯楽園駅があったが廃止。その後名古屋市電の大津町線が開業すると1926（大正15）年に瀬戸電にも大津町駅ができて連絡した。大津橋の架橋はその後の1933（昭和8）年。名古屋側のターミナルが弱かった瀬戸線は戦後地下鉄乗入れやバス転換の話もあったが、栄町駅へ地下新線で乗入れる事が決まり、お濠区間は1976（昭和51）年に廃止された。◎大津町〜土居下　1966（昭和41）年8月1日

御園〜堀川間の延長は桝形があった御園橋に砲車を通す必要から改築工事を行っていたのと、市有地の買収に手間取り1915（大正4）年に開業した。南側に旅客ホーム北側に貨物ホームを持ち堀川の水運と連絡したが、すでに大曽根駅での国鉄連絡線もでき旅客も森下駅で名古屋市電と接続していたのと、大津通の拡幅で市電の大津町駅が開業すると瀬戸電にも大津町駅ができて中心部へ接続したので、堀川駅は大ターミナルにはならなかった。
◎大津町〜土居下　1966（昭和41）年8月1日

美濃町線

1950（昭和25）年に美濃町線の線路が柳ケ瀬から徹明町駅に移され、通りの南側に駅舎も建てられた。電車の後ろに「みのせき行電車のりば」の看板が見えるが、その左側トンボ鉛筆と内科の建物の間が駅舎。後に名鉄徹明町ビルとして建て替えられ2005（平成17）年の廃止時まで営業を続けていた。◎徹明町　1969（昭和44）年7月27日

野一色駅は1911（明治44）年の美濃電気軌道神田町～上有知間の開業と同時に開設されるが、1944（昭和19）年に休止、1949（昭和24）年に復活される。この時の駅は北一色駅寄り約100ｍの位置にあったが、美濃町線新岐阜駅乗入れにあわせ1970（昭和45）年に移転、交換設備が設けられた。新製時からパンタグラフを装備していた584号は競輪場前駅から続行運転できたがここで折り返し徹明町駅へ戻っていく。◎野一色　1970（昭和45）年7月20日

日野橋駅は1911（明治44）年の美濃電気軌道神田町〜上有知間の開業と同時に開設。この付近は飛騨街道北行き車線の左側に線路が敷かれたが、戦後の道路拡幅舗装化で軌道敷が独立した格好になったが、駅部分は敷石が残っている。日野橋は駅南側で岩地川に架かる飛騨街道の橋の名前。電車にオレンジ色円盤の続行運転表示板が見えるが、新岐阜乗り入れ開始後の徹明町方面の電車の多くは、日野橋駅か野一色駅から競輪場前駅の間を新岐阜行きと続行運転を行った。
◎日野橋　1970（昭和45）年7月20日

白金駅は1911（明治44）年に美濃電気軌道が神田町〜上有知間の開業と同時に開設。だいたい同区間の中間にあたり交換設備が設けられている。上芥見付近から旧・飛騨街道の併用軌道区間になるが、津保川を渡る関係で橋の手前から白金駅の先までの区間は街道から外れ専用軌道となるので鉄道線の駅の雰囲気がある。◎白金　1970（昭和45）年7月20日

美濃電気軌道は1911（明治44）年に越前美濃街道上の街の入口に上有知（こうずち）駅を開業するが、同年中心部に近い広岡町付近に延伸。また町名の変更にあわせ美濃町駅に改称している。1923（大正12）年国鉄の越美南線が開業すると松森からの区間を移設し現在地へ移転、駅名は国鉄に譲り新美濃町駅に改称、1954（昭和29）年に美濃市成立で国鉄の駅が改称すると美濃駅に改めた。◎美濃　1970（昭和45）年7月20日

田神線

田神線は美濃町線を新岐阜駅乗入れるため1970（昭和45）年に開業し、市ノ坪駅が開設された。田神～市ノ坪間にデッドセクションが設けられ架線電圧を600Vから1500Vへ切り替えて各務原線へ乗入れる。右に見える岐阜工場は1967（昭和42）年に後に田神線となる線路を引き込み線として建設し、新岐阜駅近くにあった長住町の旧・岐阜工場を移転した。
◎市ノ坪　1970（昭和45）年7月20日

岐阜工場は1967 (昭和42) 年に開設されるが東側に3線の留置線が設けられいた。ちょうどモ600形運転開始で余剰車が留置してあるが、右側はク2160形、モ700形、モ500形など、左側はモ760形が、中央の列は後に明治村で運転される日本鋼管鶴見 (元・富士身延鉄道) 9号機と羽後交通 (雄勝鉄道←新宮鉄道) の2軸客車。
◎市ノ坪〜競輪場前　1970 (昭和45) 年7月20日

岐阜市内線

徹明町駅は美濃電気軌道が1911 (明治44) 年の開業時に今小町〜駅前 (今の長住町付近) 間に設置された。徹明町は瑞龍寺塔頭の臥雲院に開校した寺小屋の「徹明塾」に由来する。開業時には後に線路が敷かれる東西の道路は無く、交差点南側の長良橋方面の乗り場の位置に上下線の乗り場があった。電車横のパトカーは2代目クラウン、後ろのバスは川崎航空機製いすゞ BA初期のリアエンジンバス。◎徹明町　1965 (昭和40) 年12月30日

国鉄（鉄道院）の岐阜駅が線路付け替えによって現在地へ移転にあわせ1913（大正2）年に美濃電の線路も長住町付近から駅前へ延長された。当時は現在のバスロータリー付近に駅があったが、戦災復興で駅前道路の付け替えにあわせ1952（昭和27）年にこの位置に移設された。その後2003（平成15）年の駅前再開発で新岐阜駅前からの区間は休止されたが、復活することなく岐阜市内線が廃線になった。駅の予定地だった場所にモ510形513が保存されている。
◎岐阜駅前　1969（昭和44）年7月27日

新岐阜駅前にある十六銀行本店前の位置は、美濃電気軌道が1911（明治44）年の開業時に駅前駅があった場所。1887（明治20）年の官設鉄道加納（岐阜）駅開業時は交差点付近に駅舎があった。その後駅前駅の移転に伴い長住町駅に改称され、1948（昭和23）年の名岐線が現在の名鉄岐阜駅に移転された際に新岐阜駅前駅に改称されている。交差点から右側へ長住町にあった工場への分岐線があるが、南側から接続していたので写真には写っていない。
◎新岐阜駅前　1969（昭和44）年7月27日

徹明町交差点北西側から岐阜駅前方向を望む。クロッシングを左が美濃町線、右が忠節方面の線路になる。忠節方面は1925（大正14）年に千手堂までの区間を道路を開設して開業、既に開業していた鏡島線と接続した。美濃町線は1950（昭和25）年に梅林〜岐阜柳ケ瀬間は戦後復興拡幅されたで金園町通りに移設され、徹明町駅で市内線に接続した。電車と並走する車は三菱360、後ろはトヨペットコロナ3代目。◎徹明町　1965（昭和40）年12月30日

徹明町交差点南西側から長良橋方面を望む。電車が通ったことで南北のメイン通りが鮎鮓街道から神田町通りに移り、美濃町線が柳ケ瀬から徹明町へ線路が移ったことでこの間が岐阜市の繁華街となった。電車の後ろ2台目のバスは高富線代替の名鉄バス。当時は単線・単車で輸送力が乏しい鉄道よりも、頻発運転で大量輸送が可能なバスに転換されている。◎徹明町　1965（昭和40）年12月30日

揖斐線急行の市内線直通運転開始当時は
連結運転が認められていなかったので、忠
節で分割され単行で新岐阜に向かう。その
後モ510形の制御器を直接制御から間接
制御（ＨＬ）改造、歯車比変更、扉鎖錠装置
取付、モ520形にも間接制御のマスターコ
ントローラーを搭載し、認可が下りた1974
（昭和49）年から市内線も連結運転が行わ
れるようになる。急行表示板は本線の急
行で使われていたものが転用されていた。
◎忠節　1969（昭和44）年7月27日

岐阜市内線の忠節橋駅が橋南詰から忠
節橋を渡り長良川右岸の北詰に来たの
は、戦前から建設していた四代目忠節
橋が完成した1948（昭和23）年。その後
長良川旧河道にあたる早田地区区画整
理事業の進展で1953（昭和28）年にこの
場所へ延伸され岐阜市内線の忠節駅が
開業。翌1954（昭和29）年に揖斐線の忠
節駅が移転統合し、ようやく同一ホー
ムでの乗換えが可能になった。市内線
直通運転開始前はこの位置で降車扱
い、分岐の前へ進んで乗車扱いを行い
折り返していた。
◎忠節　1965（昭和40）年12月30日

揖斐線

忠節駅は1914（大正3）年に岐北軽便鉄道の駅として開業するが、場所は1912（明治45）年に架橋された三代目忠節橋北側の堤防下に設けられた。1938（昭和13）年に長良川改修工事のため休止される。この改修は河道を変える大規模なもので初代忠節駅の位置は河道の中になり、200mほど西の後に架けられる四代目忠節橋北側堤防下に1941（昭和16）年移転、さらに早田地区区画整理事業で新設した市内線忠節駅の位置へ1954（昭和29）年に移転統合している。
◎忠節　1969（昭和44）年7月27日

1967（昭和42）年忠節駅構内の配線を変更し揖斐線から市内線へ直接線路がつながれ、新岐阜～本揖斐間の直通運転が始まった。電車は美濃町線からモ510形5両を転用し塗装を赤白に改め運用に就いた。翌1968（昭和43）年には増発のためモ520形522～526も改造され起用される。当初市内線区間は連結運転が認められていなかったため、忠節から先は単行続行運転で新岐阜に向かうため、分割作業が行われている。◎忠節　1969（昭和44）年7月27日

尻毛駅は1914（大正3）年に忠節〜北方町間を開業した岐北軽便鉄道の駅として開業。区間の中間に位置するので交換設備が設けられていた。1972（昭和47）年の無人化前なので対向列車からスタフを受け取った駅員さんが待機してみえる。尻毛は湿気に由来し長良川の旧河道と伊自良川の合流地点の湿地帯。モ510形512は新岐阜駅前乗入れ急行用に整備されたあとだが、忠節までの普通運用にも就いた。◎尻毛　1969（昭和44）年7月27日

美濃北方駅は1924（大正13）年に岐北軽便鉄道の北方駅して開業。1921（大正10）年に美濃電気軌道に合併されたのち1926（大正15）年に黒野駅まで延伸、その後美濃北方駅に改称されている。まだ1972（昭和47）年の自動信号化される前なので駅員さんがスタフを対向列車に渡しに行く姿。◎美濃北方　1969（昭和44）年7月27日

政田駅は1926（大正15）年に美濃電気軌道の北方町〜黒野の開業時に設けられ、同区間では唯一の交換駅だった。北方町までの岐北軽便鉄道開業区間の交換駅は方開き分岐器が用いられているが、美濃電開業区間はYポイントが用いられている。右側の建物は1962（昭和37）年改築の駅舎。1972（昭和47）年の自動信号化まではスタフ閉塞だったため有人駅だった。◎政田　1969（昭和44）年7月27日

1919（大正8）年に養老鉄道（初代）が揖斐駅まで路線を開業していたが、揖斐の街より揖斐川・粕川を挟み南に1kmほど離れていた。その後揖斐の街の東入口まで1933（昭和8）年美濃電気鉄道北方線が延伸し本揖斐駅が開業する。冬季の積雪を考慮してホーム1面2線全体を覆う大きな上屋が取り付けられている。
◎本揖斐　1965（昭和40）年12月30日

黒野駅は1926（大正15）年の美濃電気軌道と谷汲鉄道開業時に設置され、両者の車庫も設けられ、駅舎の2階には谷汲鉄道の本社が入っていた時期もあり、揖斐・谷汲線運転中枢であった。戦後忠節橋の架橋で市内線と接続してからも、日常の検査は2005（平成17）年の廃止時まで続けられている。◎黒野　1969（昭和44）年7月27日

谷汲線

北野畑駅は谷汲線のほぼ中間にあり列車交換が行われる。付近に人家は少なく利用客も多くなかったが、スタフ交換の必要から急行も停車し1985（昭和60）年まで有人駅であった。それでも1936（昭和11）年に岐阜セメント富秋工場が操業すると貨物輸送が急激に伸び、翌年には工場拡張に支障するため駅設備の移転工事が行われる。しかし1939（昭和14）年に岐阜セメントは満州軽金属に売却され設備は満州へ移されたため、貨物輸送が賑わったのは僅かな期間だった。
◎北野畑　1969（昭和44）年7月27日

谷汲線は開業時から自前の変電
所を持たず美濃電の相羽変電所
から給電を受けていたので、谷
汲まで来ると架線電圧は300V〜
400Vまで下降してしまってい
た。旧来の電車は力が出ないだ
けで運転可能だったが、モ780形
のインバーター電車は入線でき
ずモ700形などの旧型車が残され
た。八百津線と同時期にLEカー
導入も考えられたが、勾配と曲
線さらに降雪の条件は当時2軸
のLEカーでは運転条件を超えて
いた。
◎結城〜谷汲
1969(昭和44)年7月27日

谷汲線は谷汲山華厳寺の参詣鉄道と
して、1926(大正15)年に美濃電気軌
道の北方町〜黒野間の開業と同時に、
同社傍系の谷汲鉄道が黒野〜谷汲間
を開業させた。秘仏の十一面観世音
菩薩御開帳の時には多くの参詣客が
つめかけ美濃電との直通運転も行わ
れたが、普段の乗客は少なく経営は
苦しく、1944(昭和19)年に名古屋鉄
道に合併され谷汲線となるが、2001
(平成13)年に廃止となった。廃止後
も駅ホームに開業当時の上屋が残り
モ750形755とモ510形514が保存され
ている。
◎谷汲　1969(昭和44)年7月27日

岡崎市内線

国鉄の岡崎駅前正面に岡崎市内線の岡崎駅前駅があり、電車横の建物が駅舎だった。右手奥の建物は旧・西尾鉄道の岡崎新駅舎で、日通の営業所になっている。1943（昭和18）年に岡崎新〜西尾間は不要不急路線で休止されるが、福岡町駅までの区間は1951（昭和26）年に福岡町線として復活し、岡崎市内線と直通運転が行われた。電車は岡崎電気軌道7形8を1947（昭和22）年に名古屋造船で復旧したモ50形62。◎岡崎駅前　1962（昭和37）年2月15日

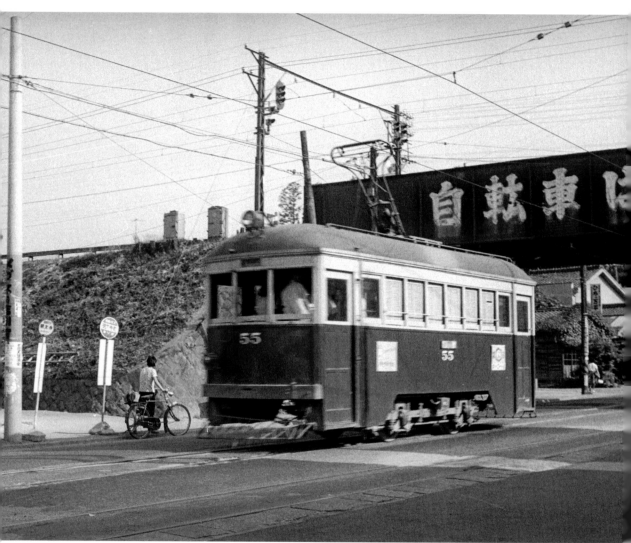

ガードが名古屋本線で東岡崎駅は東（写真左手）300mと少し離れている。1912（明治45）年の岡崎電気軌道開業時、その前の岡崎馬車鐵道は是字寺（ぜのじでら）駅と称し、1923（大正12）年に愛知電気鉄道が開業すると愛電前駅に変更され、1941（昭和16）年に名古屋鉄道への合併で東岡崎駅前駅となる。近接のバス停名が明大寺のためか電停も明大寺と言われることもあった。電車は美濃電気軌道DD55を1947（昭和22）年に名古屋造船で復旧したモ50形55。
◎東岡崎駅前　1961（昭和36）年 8 月30日

大樹寺駅は岡崎電気軌道が軌道線終点の井田から足助への延伸を目指して1924（大正13）年に井田・門立（もだち）間を郡部線として開業した時に設置。1927（昭和2）年に三河鉄道に合併後、1929（昭和4）年上挙母から後の名鉄挙母線になる区間が郡部線に接続したときに、架線電圧を1500Vに改めたため、大樹寺駅が架線電圧600Vの市内線との乗換駅として整備された。軌道線の電車と同一ホームで乗換えが出来るようホームが階段状になっている。電車は美濃電気軌道DD44を1947（昭和22）年に名古屋造船で復旧したモ50形54。◎大樹寺　1961（昭和36）年8月30日

路線免許上の岡崎市内線と挙母線の境界は岡崎井田駅でこの先は鉄道線区間だが、鉄道線の乗換えは大樹寺駅で行われるので、営業上は岡崎市内線として扱われた。国道上の路面電車の駅を出ると左に曲がり道路を外れ専用軌道に入り大樹寺駅に向かう。坂を下り右に曲がった先に大樹寺駅が見えている。岡崎電気軌道からの生え抜き木造ボギー車の532が坂を下っていく。
◎岡崎井田〜大樹寺
1961（昭和36）年8月30日

1960（昭和36）年当時の名古屋鉄道の時刻表

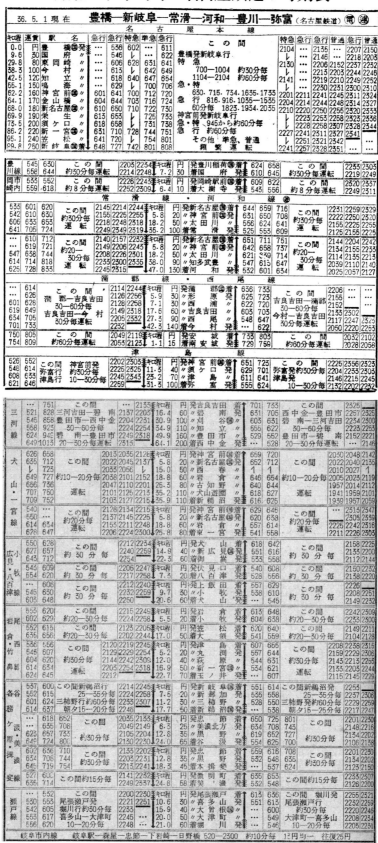

3章
モノクロ写真でよみがえる
名古屋鉄道【車両編】

◎中日球場前　1974（昭和49）年3月18日

モ1形3は1911（明治44）年の美濃電気軌道開業時に用意された天野工場製8両のうちのD8。デッカーの30馬力モーターを装備。1928（昭和3）年に車体更新、1937（昭和12）年に外観上不体裁という理由で屋根をダブルルーフに改造。1941（昭和16）年に5に改番、1949（昭和24）年の改番で戦災車の空番を詰め、モ1形3となった。戦後は外吊り扉の設置、ヒューゲル化、台車軸距の拡大、外板の偽スチール化が行われ、1967（昭和42）年7月の単車全廃時まで活躍した。
◎岐阜駅前　1966（昭和41）年12月30日

モ10形11は1914（大正3）年の美濃電気軌道笠松線開業にあわせ用意された名古屋電車製作所製9両のうちのDD36。このグループからは腰の絞りが無く、屋根もダブルルーフとなっている。1941（昭和16）年の改番で21、1949（昭和24）年の改番で空番を詰め、モ10形11となる。台車はブリル製だが軸距は1928mmと短い。戦後ヒューゲル化、外板の偽スチール化が行われ、1967（昭和42）年7月の単車全廃時まで活躍した。◎岐阜駅前　1963（昭和38）年5月1日

モ33形39は1920（大正9）年に美濃電気軌道が名古屋電車製作所で10両増備した中のDD60で、40馬力モーター2個を装備した。名鉄に引き継がれた後は31〜40の40となり、1949（昭和24）年の改番で戦災車の空番を詰め、モ35形39となった。ヒューゲル化、外板の偽スチール化は他車と共通だが、この後銀色に塗装され「栗山アルミ」の広告車輌となり1967（昭和42）年7月の単車全廃時まで活躍した。◎金宝町　1965（昭和40）年12月30日

モ20形23は1919（大正8）年に瀬戸電気鉄道が京都丹羽製作所で5両製造した中のテ25。1939（昭和14）年の名古屋鉄道合併時に23（後にモ20形23）となる。1948（昭和23）年に岐阜地区へ5両とも転属。そのうち23は1960（昭和35）年に岡崎市内線へ移動し、1962（昭和37）年の岡崎市内線廃線で廃車となった。名鉄の軌道線単車の中では一番小型で全長は8m弱しかなかった。◎大樹寺　1961（昭和36）年8月30日

名鉄の50番台の車両は1941（昭和16）年の三河鉄道の名鉄合併時に美濃電からの引継車輌の続番で岡崎電気軌道の車両
が48〜56となる。1944（昭和19）年に谷汲鉄道が合併すると（初代）モ50形51〜56が登場し番号が重複した。1949（昭
和24）年の改番整理でモ50形は戦災復旧車の枠になり50〜66が登場している。55は1920（大正9）年の美濃電気軌道
DD55、59は1912（明治45）年製の岡崎電気軌道1形2。◎岡崎駅前　1961（昭和36）年8月30日

モ50形66は1920（大正9）年に美濃電気軌道が名古屋電車製作所で10両増備した中のDD48で、名鉄引継後は31〜40の34となったが戦災を受け1947（昭和22）年に名古屋造船で復旧。1949（昭和24）年の改番で鉄道線高富線所属のためモ65形66になるが後にモ50形に吸収されている。岐阜にいた戦災復旧車は1960（昭和35）年までに全車岡崎へ転属される。救助網は岐阜と岡崎で仕様が違ったがこれは交換、側ドアは寒さ対策のため岐阜時代にステップ裾まで延長されている。◎東岡崎駅前　1961（昭和36）年8月30日

モ180形は、琴平急行電鉄が1929（昭和4）年の開業時に日本車輌で6両製造した全長12m弱の半鋼製ボギー車でデ1形1〜3，5〜7。1944（昭和19）年に不要不急路線で休止されると名古屋鉄道が購入し尾西線や竹鼻線で使われたあと1953（昭和28）年に揖斐線へ転属、総括制御が出来るように改造し連結運転で使用された。場所は黒野駅西側にある三水川橋梁。◎黒野〜中之元　1965（昭和40）年12月30日

モ200形は尾西鉄道が1923（大正12）年の全線電化時に日本車輌で7両製造したデホ200形。全長15m級のHL制御の電動車で、当時では珍しいシングルルーフにパンタグラフを装備している。名古屋鉄道（初代）合併後の1933（昭和8）年に2両が高山線下呂直通用に改造され250形となったが、直通運転終了後は7両そろって600V線区で使われ、1965（昭和40）年に7両とも揖斐線に移ってきた。しかし活躍は短く、翌1966（昭和41）年に全車廃車となる。
◎黒野　1965（昭和40）年12月30日

デキ300形は三河鉄道が電化に備え1926（大正15）年にキ10形10、11の2両を日本車輌でその後1929（昭和4）年までに三菱造船製の12〜14を増備、その後1928（昭和3）年製の同型機を一畑電気鉄道から1936（昭和11）年に購入して15とした。名鉄に合併後はデキ300形301〜306となり貨物列車牽引に活躍したが、1984（昭和59）年までにほとんどの貨物列車は廃止され、303，305，306の3両が工事列車運転用に残された。◎大江　1989（平成元）年4月7日

デキ370形のうち371，372は愛知電気鉄道デキ370形370，371で、1925（大正14）年ボールドウィン製、当初は複電圧車で、パンタグラフとポールを装備していた。1941（昭和16）年の改番で現車番となる。貨車はトム800形3両とトム500形か。社有無蓋車を使って聚楽園～トヨタ自動車前間でプレス屑の線内輸送が1972（昭和47）年まで行われていた。背後は日本車輌本社工場、ここで落成した車両も名鉄デキに牽かれ出場し、国鉄熱田駅入換線まで運ばれる。
◎神宮前　1966（昭和41）年12月30日

デキ370形のうち373〜379は愛知電気鉄道デキ370形372〜379（375欠）で、1926（大正15）年〜1929（昭和4）年の日本車輌製で1500V仕様。1941（昭和16）年の改番で現車番となる。デキ370形は両数は多かったが65馬力モータ4個と非力で、入換や小運転、支線区で使用された。小牧線の貨物列車は豊山駅の航空自衛隊向けが多かったが、小牧駅扱いもあった。
◎明治村口付近　1967（昭和42）年12月30日

モ400形401の生まれは美濃電気軌道が北方線延長（北方〜黒野）にあわせ1926（大正15）年日本車輌製の2軸単車のセミシ64形64〜66。1941（昭和16）年にモ60形61〜63、1949（昭和24）年にモ110形110〜112に改番される。この時期に総括制御に改造され連結運転が可能となるが時々脱線事故を起こし、その対策として110と111を連接車に日本車輌で改造しモ400形が登場。他の車も続いて改造される予定だったが改造費用が嵩むため中止され、他線区から余剰ボギー車を転入させる計画に変わり2軸単車は廃車となった。
◎黒野　1965（昭和40）年12月30日

モ500形は美濃電気軌道初のボギー車のBD500形、1921（大正10）年名古屋電車製作所製の木造車で501〜504の4両が作られた。当初は笠松線で使われたが、BD505形（モ520形）が登場すると美濃町線・鏡島線で使われた。鏡島線は徹明町始発で運転され電車の先が乗り場だったが、1964（昭和39）年に廃止された後の撮影なので、美濃町線から長住町の工場へ回送中の姿。背後の建物は名鉄岐阜ストアー、後に建て替えられて岐阜メルサになる。
◎徹明町　1965（昭和40）年12月30日

モ500形はダブルルーフにトルペード
型ベンチレーター、露出した台枠に
トラス棒と、古めかしい形態だが、直
通式の空気ブレーキを初めて装備し
た。1953（昭和28）年に乗降口扉の取
付け、1965（昭和40）年に車体に鋼板
を貼るニセスチール化、前照灯のシ
ールドビーム化が行われたが、1970
（昭和45）年のモ600形登場で廃車にな
った。徹明町〜梅林間の美濃町線が
移設された区間は複線になっている。
◎徹明町〜金園町四丁目
1965（昭和40）年12月30日

岐阜駅前で折り返し待ちの514、モ510形は1926（大正15）年に美濃電気軌セミボ510形1〜515の5両が日本車輌で製造、1941（昭和16）年の改番でモ510形となる。セミボはセミ＝セミスチール（半鋼製）ボ＝ボギー車の略。高床式だが製造当時から折畳みステップを装備していた。流線型に丸窓を持つ電車として人気が高く、513と514は岐阜線区廃止時の2005（平成17）年まで活躍した。◎岐阜駅前　1969（昭和44）年7月27日

モ520形は1923（大正12）年日本車輌製の美濃電気軌道BD505形505〜510として登場。シングルルーフに流線形の正面を持つが、台枠が露出しトラス棒を持つ木造車。当初は鉄道線配置だったが、ドア連動ステップを持ち美濃町線で使われていた。1941（昭和16）年の改番でモ520形521〜526となる。揖斐線直通急行に起用される前の姿で徹明町で出発待ち。
◎徹明町　1965（昭和40）年12月30日

モ530形の生まれは1923（大正12）年の岡崎電気軌道、康生町〜井田間延長にあわせ名古屋電車製作所製の木造ボギー車100形101と102。三河鉄道から名古屋鉄道に合併された1941（昭和16）年にモ530形に改番された。ポール集電にオープンデッキ、縦リンク式連結器を装備してだったがヒューゲル集電に扉の取付け連結器撤去が行われた。岡崎市内線廃止後は岐阜市内線へ転用予定だったが実現しなかった。◎大樹寺　1961（昭和36）年8月30日

1950（昭和25）年から翌年にかけて広瀬車輌で12両製造された北陸鉄道モハ2100のうち、1951（昭和26）年製のモハ2107が、1967（昭和42）年の金沢市内線の全廃ののち岐阜市内線の手ブレーキの木造単車を置換えるために、モハ2000形とモハ2200形と共に移籍しモ530形（二代）531となった。モ530形はかって岡崎市内線に存在していたので2代目の番号となる。◎岐阜駅前　1969（昭和44）年7月27日

伊勢市内を走っていた三重交通神都線のモ501形501，502，504を1949（昭和24）年に購入し、モ540形541〜543となった。生まれは三重交通の前身の三重合同電気が1923（大正12）年と翌年に梅鉢工場で製造したモセ32〜35。3扉車だったが1955（昭和30）年に2扉車化、541と542は1960（昭和35）年に永久連結化され、岐阜地区での連結運転の契機になっているが、朝に徹明町へやってきて夕方美濃町線へ戻る間、新岐阜駅脇の留置線で休んでいることが多かった。◎新岐阜　1965（昭和40）年12月30日

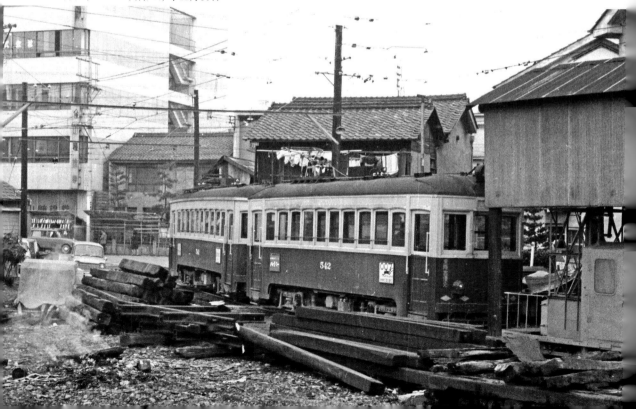

モ550形は1950（昭和25）年で近畿車両で10両製造された北陸鉄道モハ2000形で、全車が1967（昭和42）年に岐阜市内線に移り10両を550番台の車号に収めるため550～559と付番された。スリムな10m級の車体は急カーブがある本町付近の通過も問題はなく、木造単車にかわり岐阜市内線の主力となる。当初は単車時代のおおきなサボをベースにして前にサボ受けつけて運用されていたが、おおきなサボはやがて外された。◎岐阜駅前　1969（昭和44）年7月27日

モ560形（初代）の生まれは1927（昭和2）年から1929（昭和4）年にかけて日本車輌で10両製造された瀬戸電気鉄道のホ103形103～112。1939（昭和14）年に名鉄に合併されたのち、1941（昭和16）年の改番でモ560形561～570となった。1962（昭和37）年から1964（昭和39）年にかけて565～570が揖斐線へ転属、残りは北恵那鉄道へ譲渡された。その後1967（昭和42）年にモ760形へ改番される。◎黒野　1965（昭和40）年12月30日

モ560形（二代）は1956（昭和31）年から1958（昭和33）年にかけて日本車輌で6両製造された北陸鉄道モハ2200形で、1967（昭和42）年に全車が岐阜市内線へ移りモ560形561～566となった。モ530形やモ550形より全長が少し長かったので、当初は忠節方面で使われたのち長良北町方面にも運用された。
◎徹明町　1969（昭和44）年7月27日

モ570形は1950（昭和25）年に帝国車輌で571～573が、1953（昭和28）年に日本車輌で2次車として574・575が作られた。どちらも都電6000形のコピー品で製造時期により側窓が10個から9個に変わるのも同じ。ただ台車は帝国型低床台車、2次車は住友KS-40Jに変わり、2次車の制御器はモ180形の交換発生品を使っている。おでこに小さな方向幕を装備するが使われず、専らサボを使用していた。◎徹明町　1969（昭和44）年7月27日

モ590形は1957（昭和32）年に日本車輌
で5両作られたモ580形の改良版で、
大型方向幕を持つスマートな車体に
パンタグラフと住友FS-78A台車、モ
ーター出力も45kwに増強されてい
る。当初は市内線用だったが1971（昭
和46）年の美濃町線転用時にギア比が
高速対応に改造されている。当初は
方向幕も使われたが他の形式同様サ
ボを併用しており、1965（昭和40）年
頃には幕は使われなくなっていた。
◎徹明町
1969（昭和44）年7月27日

モ580形は1955（昭和30）年と翌年に2両ずつ日本車輌で製造、軌道線新車として初めての3扉車となり、中扉は乗車専用として使われた。市内線用として導入されたが大型のため伊奈波通までしか入線できず、長良川花火輸送以外では忠節系統や美濃町線で使用された。
◎金宝町〜徹明町
1965（昭和40）年12月30日

モ600形は田神線開通により美濃町線から
新岐阜へ直通するために1970（昭和45）年
に日本車輌で6両新製された。1500Vの
各務原線に乗り入れるために複電圧車と
され、軌道線の急カーブを曲がれるよう
に車端部は大きく絞り込まれている。車
体は新製だが電装品や台車は廃車や転用
品が使われている。屋根上の箱はスペー
スが無く床下に詰めなかった抵抗器、
1500V区間は抵抗で降圧して運転される
ので大きな抵抗器が必要だった。
◎日野橋　1970（昭和45）年7月20日

絞り込まれた車端部は運転機器を室内側に取
付けた貫通扉が付けられたが使われることは
無かった。601と602はモ450形の4個モーター
付き台車が転用され制御車を連結運転も計画
されていたので、密着連結器と電気連結器も
装備される。前照灯間の窓は方向幕の準備工
事で、運用には折り畳み式のサボが使われて
いる。シートはモ510形の改装で採用された1
-2人掛けを採用、鉄道線台車を転用している
のでステップは高い。
◎日野橋　1970（昭和45）年7月20日

デキ600形は1943（昭和18）年東芝製の戦時私鉄標準型機関車で自重40ｔ出力150馬力モーター４個を装備する強力機。603・604は海南島にあった日本窒素の発注機を戦争の激化で輸送できないでいたのを1945（昭和20）年に名鉄が購入している。同系機は宮城電気・奥多摩電気・東武・西武・京成・南海・西鉄・富山地鉄に入ったが、その中で東武ED4010形は日本窒素向けを購入した同型機。◎大江　1989（平成元）年４月７日

モ700形の生まれは名古屋鉄道（初代）が1927（昭和2）年に日本車輌で10両製造した15m級ボギー車デセボ700形701〜710。車体はシングルルーフの半鋼製になり、木造車のデホ650形と比べ戸袋部分が窓にされて中ドアまでの窓数が1つ増え6個になる。製造当時の名古屋方ターミナルは押切町から名古屋市電に乗入れた柳橋だったので、郡部線用のパンタグラフと市内線用のポールを装備していた。◎大津町〜土居下　1966（昭和41）年8月1日

デセボ700形は1941（昭和16）年の改番でモ700形となり、戦後1948（昭和23）年に西部線が1500Vに昇圧されると600V線区の支線で使われたが、1962（昭和37）年に702〜704が瀬戸線へ移動、1964（昭和39）年に焼失した706以外は福井鉄道と北陸鉄道に譲渡されている。瀬戸線に残った車は1973（昭和48）年と1976（昭和51）年に揖斐線へ転属し1998（平成10）年まで活躍している。◎大津町〜土居下　1966（昭和41）年8月1日

1928（昭和3）年から翌年にかけデセボ700形の改良型として日本車輌でデセボ750形が10両製造された。1941（昭和16）年の改番でモ750形となりモ700形同様に活躍するが、1964（昭和39）年と翌年に焼失した760以外が瀬戸線へ移動、1966（昭和41）年から瀬戸線昇圧の1976（昭和51）年までに揖斐線へ移動、一部はモ600形にモーターを譲りクハ2150形になったが残った電動車6両は平成まで生き残り、写真の751は2001（平成13）年の谷汲線廃止まで現役だった。
◎大津町～土居下　1966（昭和41）年8月1日

モ750のうち755と756は1932（昭和7）年の週末を中心に柳橋から鵜沼経由で国鉄客車列車に連結され下呂へ直通運転に用いられた。この時車内の半室を畳敷きに改造し日本初のお座敷客車となが、翌年からは専用に改造されたモ250形に運用を譲った。モ700とモ750形は瀬戸線へ転出する際に電装品や台車は3730系に譲ったため、さらに古い昭和初期の木造車転用のものを使用していた。◎北野畑　1969（昭和44）年7月27日

先に美濃町線には1980（昭和55）年にモ880形が投入されてたが、揖斐線系統の旧型車は置換えが進まなかった。ようやく1987（昭和62）年にモ770形が新製され市内線直通列車の増発と置換えが行われたが、忠節までの列車は旧型車が残った。これらはワンマン化され本揖斐・谷汲線で使われたが、1997（平成9）年からモ780形が投入されると順次廃車となった。しかし谷汲線は電圧降下が激しく新型車が運用できなかったため、廃線までモ750形で運用された。
◎忠節　1988（昭和63）年11月5日

モ760形は北陸鉄道から来る市内線電車を500番台に収めるため、元・モ560形（初代）565〜570を765〜770へ改番したもの。末尾2桁は数字をそろえ北恵那へ行った4両分は欠番としている。瀬戸線時代にステップの切り上げ、4個モーター・パンタグラフ化が行われている。765は1973（昭和48）年に北恵那鉄道に譲渡され、元の565へ車番が戻っている。
◎忠節　1969（昭和44）年7月27日

モ800形は1930（昭和5）年に合併した名古屋鉄道（初代）と美濃電気鉄道が名岐間直通を目指し木曽川橋梁架橋を含む笠松〜新一宮間を1935（昭和10）年に開通、それと同時に直通用特急用として日本車輌で10両が新製された。将来の新名古屋乗入れに備え従来のターミナル柳橋への乗入を考えずパンタグラフを装備した18m級クロスシートで登場している。600V車で登場したが1948（昭和23）年の西部線昇圧時に全車昇圧されている。◎鳴海　1971（昭和46）年6月19日

モ800形はデボ800形として全車両端運転台電動車で新製されたが、802・803（初代）は1937（昭和12）年に制御車になりク2250形2251・2252（初代）に、1941（昭和16）年の改番で電動車は801〜808に番号を詰められたのちク2250形は再電装され809・810（2代）となった。戦後モ800形はク2310形とコンビを組み2両固定編成にされたが、809・810はこの2両でコンビを組んだ。◎新那加　1965（昭和40）年12月30日

モ850形とコンビを組むク2350形はモ800形に連結予定で増備計画だった制御車を、旧・愛電側が3400系を設計したため、対抗した旧・名岐側の設計陣が急遽予定を変更し車端部を半円形として流線形とし、802・803の電装品を転用し1937（昭和12）年に2両編成2本が日本車輌で落成した。緑の塗装に、前照灯脇の幕板には三本の線が入りこれが髭に見えたので「ナマズ」と呼ばれたが、撮影時期の少し前に消されている。◎新岐阜　1965（昭和40）年7月20日

戦時中他のモ800形同様ロングシートとなり長編成化のためブレーキを改造、戦後西部線昇圧にあわせて昇圧、また連結運転のジャンパ線も装備され他のAL 2両と共通運用された。1965（昭和40）年から1969（昭和44）年にかけてモ850と同時期に製造されたク2300形（初代）を電装化したモ830形831・832を組み込み、3730系への改造で不足してたHL車3両運用にかわり3両編成にされていた。◎栄生　1966（昭和41）年12月30日

モ900形の生まれは知多鉄道が1931（昭和6）年の開業用に用意したデハ910形910〜918（915欠）。この年が皇紀2591年だったため910形となった。系列の愛電モ3300形を少し小ぶりにしたセミクロスシート車で2挺パンタを持つHL車。1941（昭和16）年の改番でモ910形911〜918となりロングシート化、戦災で914はモ3753で復旧したので918を914（二代）に改番している。◎大津町〜土居下　1966（昭和41）年8月1日

モ910形は1964（昭和39）年から3730系製造のため台車・電装品を譲りク2330形2331～2337となる。翌1965（昭和40）年から瀬戸線に移りモ600形（初代）などの木造車の電装品で再電装され600VのAL車のモ900形901～907となった。907以外は特急用として順次整備され、転換クロスシート・蛍光灯・ミュージックホーン・逆富士行先表示板が装備され塗装もスカーレットに改めた。905は1968（昭和43）年の増発時に特急整備される。
◎大津町～土居下　1966（昭和41）年8月1日

モ1080形の生まれは三河鉄道の電化に際し1926（大正15）年から田中車輌と東洋車輌で8両新造したデ100形101〜108。15m級の木造車2扉でクロスシートを装備し夫婦電車と呼ばれた。1941（昭和16）年の改番でモ1080形となり戦時中に3扉ロングシート化されている。1959（昭和34）年から3700系への改造種車になり、1964（昭和39）年までに3730系に機器を譲って廃車となった。◎大樹寺　1961（昭和36）年8月30日

1926（大正15）年に日本車輌で作られた愛電の全鋼製試作車デハ3090形3090（1941（昭和16）年の改番でモ3250形3251）は荷物電車として使われていたが、戦時中の酷使で車体が傷んだため、1953（昭和28）年に台車や電装品を利用して名古屋車輌で車体を新製し名鉄唯一の手小荷物専用車両デニ2000形2001が生まれた。その後3700系の製造が始まると台車やモーターは何度か振り替えられており、1969（昭和44）年に廃車になった。◎須ヶ口　1966（昭和41）年12月30日

ク2000形は1923（大正12）年に製造された愛知電気鉄道電5形と編成を組む附2形で、日本車輌で10両新製された。1927（昭和2）年の形式改定でサハ2000形2000〜2010（2005欠）と改番、1941（昭和16）年の改番では荷物室を付けた車は改番していたので、ク2000形2001〜2006となった。附・サハの記号を持つが16m級の木造制御車。1964（昭和39）年までに3730系の種車となり廃車されている。◎大樹寺　1961（昭和36）年8月30日

生まれは1923（大正12）年に愛知電気鉄道が岡崎線開業用に用意した電5形で日本車輌で8両作られた15m級木造車。1927（昭和2）年の形式改定でデハ1040形1040～1048（1045欠）、1941（昭和16）年の改番でモ1040形1041～1048、1948（昭和23）年に制御車化されク1040形、1952（昭和27）年の改番でク2040形となる。3700系の種車になり残った2047と2045が2041・2042（二代）に改番され600Vの制御車となり車体がニセスチール化されていた。
◎黒野　1965（昭和40）年12月30日

モ3100形3101の生まれは1915（大正４）年の京浜線電車運転開始にあわせて鉄道院新橋工場製デロハ6130形6135、デハに編入後荷物電車に改造されデユニ33850形33854、称号改正でモユニ２形2005となり1940（昭和15）年三河鉄道へ譲渡され木南車両で鋼体化デ400形401となり、名鉄合併の1941（昭和16）年に現車号へ。16m級半鋼製車体で三河鉄道の伝統で乗務員室扉の設置が無かった。◎大樹寺　1961（昭和36）年８月30日

琴平急行電鉄が不要不急路線で休止されると電車は名古屋鉄道が購入しモ180形としたが、1953（昭和28）年に揖斐線へ転属すると美濃電セミシ67形（モ120形）などの制御器を使いAL車となり連結運転対応とした。外された制御器はモ570・モ580新製時に転用されている。1965（昭和40）年に予備部品確保のため186が制御車化されク2160形（二代）2161となった。ク2160形（初代）は三河鉄道クハ50形を改番したもの。
◎政田　1969（昭和44）年7月27日

1936（昭和11）年に三河鉄道は三河鳥羽～蒲郡間を延伸するがこの区間は非電化だった。開業時はキ50形が用意された
が、翌1937（昭和12）年に日本車輌製で14m級の流線形ガソリン気動車のキ80形2両が追加増備された。1941（昭和16）年
にキ250形251・252となるが戦時中にエンジンを降ろし電車の付随車のサ2220形2221・2222となり築港線で電気機関車
に牽かれた。1960（昭和35）年に制御車のク2220形に改造され瀬戸線へやってきた。
◎大津町～土居下　1966（昭和41）年8月1日

ク2180形は1943（昭和18）年の日本鉄道
自動車製で2両作られた半鋼製制御車。
当時の名鉄車は18mが標準だったが
16.8mと少し短く台枠が露出するなど
名鉄スタイルを踏襲しながら異端の存
在で、1500V時代はモ830形と編成を組
んだ。1955（昭和30）年に貫通扉を設置、
1965（昭和40）年にモ830形はモ850形の
中間に入って編成を解かれたので、600
V化され揖斐線へ転属するが、揖斐線
では一番の大型車になった。
◎清水～本揖斐
1965（昭和40）年12月30日

生まれは1926（大正15）年日本車輌製、愛知電気鉄道電7形、半鋼製車体にクロスシートを持ち神宮前～豊川間直通運転に使われた。デハ3080形から1941（昭和16）年にモ3200形へ改番。戦時中にロングシート化され東部線で使われた。1959（昭和34）年と1964（昭和39）年に電装品を3700・30系へ譲り制御車化し全車が瀬戸線へ、一部はさらに揖斐線へ転属し1997（平成9）年まで活躍している。◎大樹寺　1961（昭和36）年8月30日

ク2300形の生まれは愛知電気鉄道が豊橋線開
業に備え1926（大正15）年に日本車輌で9両製
造した電7形で初の半鋼製車体を持つ。デハ
3080形からモ3200形になり1959（昭和34）年に
電装品を3700系製造のために譲り3203・
3207・3209が制御車化のうえ乗務員室扉の新
設・交換・車内の改造が行われク2300形2301
～2303になった。1965（昭和40）年に瀬戸線
へ移り翌年から運転される特急用にモ900形
と固定編成にされ改装されている。
◎大津町～土居下
1966（昭和41）年8月1日

ク2320形2322はク2300形同様生まれは愛知電気
鉄道電7形と同系の制御車附3形1両。附3形
はク2020形になったのち西部線昇圧時に電装し
モ3200形に編入、1964（昭和39）年電動車で残って
いたグループも機器を3730系へ譲り制御車化ク
2320形2321～2327となり、1965（昭和40）年に瀬
戸線へ転属。2322～2324は1968（昭和43）年の特
急増発用にク2300形同様な改装が順次行われた。
ク2320形は車体改造を行わなかったので愛電時
代の扉配置が残された。
◎大津町～土居下　1966（昭和41）年8月1日

1928（昭和3）年に日本車輌が4両製造した愛知電気鉄道デハ3600形、片運転台でセミクロスシートを装備、制御車サハ2040形と組んで運用された。1941（昭和16）年の改番でモ3600（初代）となるが1952（昭和27）年にモ3350形に改番される。1965（昭和40）年に3353以外は制御車化されク2340形となるが、電装品を3730・80形へ譲り翌年廃車となった。
◎栄生　1966（昭和41）年1月4日

3400形は名古屋鉄道発足後に愛電系の技術者が1937（昭和12）年に登場させた2両編成の流線形電車。運転台後ろまで転換クロスシートを装備、スカートに車体幌で形を整え、コロ軸の軸受けに150kwモーター回生制動付きAL制御と、緑濃淡のツートン姿は海外の雑誌にも紹介されたそう。戦時中もロングシートにされることなく1950（昭和25）年モ3450形を1953（昭和28）年サ2450形を組み込み4両編成化、この時に3900系と共通運用を組むため室内蛍光灯化とオールドロマン特急色に変更されている。◎新岐阜　1963（昭和38）年5月1日

1937（昭和12）年に当時の最高水準で作られた3400系だが経年による車体の痛みは隠せず1967（昭和42）年から大規模な車体更新が行われ、外板張替え・アルミサッシ・Hゴム化のほか正面窓も連続3枚の曲線ガラスになり大きく印象が変わり、塗装もクリームに赤帯となった。ク3400形は中間電動車への集電のためパンタグラフを装備している。
◎左京山　1971（昭和46）年7月16日

モ3500形はモ3350（現・モ3600形）より優秀な2扉クロスシート車として計画されたが、既に戦時体制に入っており3ドアロングシートに変更して1942（昭和17）年に落成。しかし電装品は手に入らず代用制御車だった。東部・西部に分かれていたため1946（昭和21）年にそれぞれの電圧で電装、1951（昭和26）年に中扉を埋め2扉に、1969（昭和44）年にクロスシート化され塗装も改めたが、編成を組むク2550形2561は3扉ロングシート。◎鳴海　1971（昭和46）年3月18日

モ3500形のうち3501は1951（昭和26）年に直角カルダン駆動小型高速回転モーター搭載のゲルリッツ型東芝試作台車の試験が行われたが芳しくなく、後に製造される5000系では中空軸並行カルダンが採用されている。1962（昭和37）年に片運転台化、1963（昭和38）年に高運転台Hゴム化、制御器の更新、1969（昭和44）年にクロスシート化され塗装も改めた。◎鳴海　1971（昭和46）年7月18日

モ3550形は東西連絡線の普通用電車として計画された3扉ロングシート車。製造当初戦時体制に入っており新車を落成させることが出来なかったが、1944（昭和19）年の車両一覧ではサ3550形3551〜54と記載があり、完成車体をとりあえず出場させ電気機関車牽引で使われた。1947（昭和22）年にようやく電動車となった。この4両は埋込型ヘッドライトや窓にRが残り、まだ製造工程に余裕があったと思われる。◎東岡崎　1971（昭和46）年3月18日

モ3550形のうち56〜60は工程が厳しくなってからの製造でヘッドライトは通常型になり窓のRも省略されている。戦後すぐに電動車になったため1961（昭和36）年に制御器を交換、翌年には片運転台されク2550形と固定編成となったが、窓のアルミサッシ化や撤去側の運転台も多くは扉を溶接した程度、白熱灯にニス塗りで客室扉のステップも残り大きく手を加えられなかった。◎栄生　1966（昭和41）年1月4日

ク2550形は竣工図では制御車として1944（昭和19）年に2551〜2561の11両が日本車両製造で落成したことになっている
が、同年の車両一覧では付随車のサ2550形2557〜2561と記載なので、戦時混乱期に艤装を完全に行わず使われたと思
われる。戦後はモ3550形と3扉ロングシートの編成を組み、他のAL 2両とは別のラッシュ対策列車に優先的に使用さ
れるようになる。2560は1965（昭和40）年に高運転台化されている。◎鳴海　1971（昭和46）年6月18日

1941（昭和16）年に名鉄の半流とも言われた戦前最上級の車両、両運のモ3350形4両と片運のモ3650形2両が落成した。
戦時中も転換クロスシートのまま残り1952（昭和27）年にモ3600形（二代）に改番後1955（昭和30）年には複電圧改造を受
け、当時600V線区だった西尾・蒲郡、広見線へ直通特急で走った、この時にク2600形と固定編成になりピンクとマルー
ンの特急色になった。◎栄生　1966（昭和41）年1月4日

1963（昭和38）年から複電圧改造時に手を入れた3603以外の重整備が始まり、高運転台化外板張替えで窓のR撤去・扉の更新、油圧多段制御器は標準型の電動カム式ES系に交換され1965（昭和40）年に広見線が1500Vになると複電圧装置も外された。しかしこのグループは客室扉ステップの撤去は行われなかった。1967（昭和42）年以降はALクロスシート車なのでストロークリームに赤帯にされている。◎鳴海　1971（昭和46）年9月22日

昭和30年代に入っても1500V線区特に三河線では愛電系の木造車が多数活躍していた状態で知立（現・三河知立）から知立連絡線を使って本線へ乗入れる列車もあり車両更新が急務であった。そこで木造車の電装品・台車を使用し日本車輌で車体を新製した1957（昭和32）年に3700系が登場。3700系は1946（昭和21）年に国鉄63系電車の割り当てを受けたときに付番されているので二代目の番号となる。電車は吉良吉田駅西方を行く急行栄生行き。
◎松木島～吉良吉田
1966（昭和41）年12月30日

ク2650形のうち2651～2653が知多鉄道が1942（昭和17）年に木南車輌で製作したク950形、戦時中とあって3ドアロングシートで落成している。戦後電装しモ950形さらにモ3500形に編入されるが1951（昭和26）年に2ドア・制御車化されク2650形となる。このうち2651・52はクロスシートの3651・52と編成を組み、1969（昭和44）年にクロスシートに改造されると塗装もクリームに赤帯と改めた。◎左京山　1971（昭和46）年6月18日

3700系はAL車に性能を近づけるため2両全電動車のロングシートで落成したが、その後の見直しで2両で1電動車の計画に変わり1958（昭和33）年改造の2次車からク2700形が登場しモ3700形と末尾をあわせ2705から付番されている。しかし編成出力が低かったため使い勝手が悪く、8編成16両が高松琴平電鉄へ譲渡され2705も琴電1020形1028となった。
◎明治村口～楽田
1967（昭和42）年12月30日

1968（昭和43）年のダイヤ改正で支線区から名古屋直通特急が多数運転されるようになった、そのため1969（昭和44）年から3700系もクロスシートに改造される。「特急」碧南行きだが津島・刈谷経由とあるように尾西線津島線から三河線へと新名古屋を通過して支線区へ直通する運用が組まれていた。しかし支線区直通用に7300系が登場すると5編成が瀬戸線の輸送改善用に転属、2709も瀬戸線へ移動している。◎左京山　1971（昭和46）年6月19日

1964（昭和39）年からは車体を高運転台・1400mm両開きドア・ロングシートとした3730系に移行した。種車は当時残っていた木造車だが直接流用のほか、初期の半鋼製車に木造車の機器を移植し捻出した機器も使われている。種別板は従来丸形のものが使われていたが、この頃より小型サボタイプが常設されるようになる。
◎須ヶ口　1966（昭和41）年12月30日

3730系のうち1965（昭和40）年改造車の
6編成12両は転換クロスシートで登場
し3770系に改番されているが、支線区特
急増発のため3730系の最後11編成も転
換クロスシートに改造されている。
3770系はドア付近に一人掛けシートが
あるので両車の座席配置は異なる。岐
阜行きの特急は広見線が1965（昭和40）
年に昇圧されたあと同年9月の改正で
広見線〜各務原線直通の特急が毎時1
本運転された。右側が駅舎、貨物扱いは
1958（昭和33）年に廃止されているがポ
イント転換のロッドが残っている。
◎新那加　1965（昭和40）年12月30日

3780系は冷房装置を搭載したため重量が増しており種車の台車では負担力に問題があるため3781〜84の４両は新製の
FS-35を履いたが、残りはモ3300形などのD-16台車が転用されている。しかし75kwモーター×４では出力不足は否めず、
パノラマカーの増備で余裕ができた古いES系制御器のAL車を廃車にして捻出した機器と載せ替える計画がたてられた
が中止され、余剰のAL車は富山地鉄・豊橋鉄道・大井川鉄道に譲渡された。◎栄生　1966（昭和41）年12月30日

3780系は1966（昭和41）年に愛電半鋼製電車の機器を流用して通勤と観光を兼ね備えた車輌として1400㎜両開きドア・
1‐2掛けクロスシート・冷房付きでライトパープルの装いで登場した。これら装備した事で車体重量が増しク2780は
負担力の台車を得るため複数の台車振替が行われ、2789と2790は竹鼻鉄道が発注したモ770が使っていた日本鉄道自動
車工業製NSC31を装着した。◎須ヶ口　1966（昭和41）年12月30日

3800系は1948（昭和23）年の西部線昇圧による東西線直通運転に備え、当時新造が許されていた運輸省規格形車両A'形の
2両編成10本が認められ昇圧直前に5編成の落成が間に合いすぐに運用を開始し直通特急に用いられた。
◎須ヶ口　1966（昭和41）年12月30日

3800系は終戦後の車両で状態は良くなかったため1962（昭和37）年から外板張替えなどの修繕工事が始まり3804の編成は窓のアルミサッシ化・固定窓のHゴム化などが行われるが、客室扉は木製のまま。この工事は予算や工場の工程もありいろんなバリエーションが生まれる。しかしロングシートのまま残された編成は1971（昭和46）年から7300系の種車とされこの編成も廃車されている。◎新那加　1965（昭和40）年12月30日

1954（昭和29）年に半田にあった輸送機工業で制御車1両だけ製造。仕様は同一だがベンチレーターがガーランド型1列6個となる。当初は連結相手が決まってなかったが、1969（昭和44）年から事故復旧で3700形の車体を持つ3561と組みクロスシートに改造、クリームに赤帯の塗装に改められた。
◎知立　1971（昭和46）年9月22日

【著者プロフィール】

西原 博（にしはらひろし）

1939（昭和14）年、神奈川県横須賀生まれ。
1962（昭和37）年３月、法政大学工学部機械工学科卒業。同年東急車輌製造株式会社入社、
主に特装自動車部門を歩み、1999（平成11）年に定年退職。
高校生の頃から鉄道写真を撮影し、鉄道趣味誌等に投稿。撮影対象は北海道から九州各県
の国鉄・私鉄・路面電車等に及ぶ。

安藤 功（あんどういさお）

1963（昭和38）年生まれ。
NPO法人名古屋レール・アーカイブス理事。
国鉄最終日に国鉄線全線完乗。現在は全国の駅探訪を進め、残り数百駅ほど。

【地図解説】
生田 誠

【参考資料】
『名古屋鉄道車両史』上・下巻　清水武・田中義人　アルファベータブックス
『名古屋鉄道の貨物輸送』清水武・田中義人・澤内一晃　フォト・パブリッシング

名古屋鉄道
1960年代〜70年代の写真記録

発行日 ……………………2023年4月6日　第1刷　　※定価はカバーに表示してあります。

著者…………………………西原 博（写真）、安藤 功（解説）
発行人……………………高山和彦
発行所……………………株式会社フォト・パブリッシング
　　　　　　　　　　〒161-0032　東京都新宿区中落合2-12-26
　　　　　　　　　　TEL.03-6914-0121 FAX.03-5955-8101
発売元…………………株式会社メディアパル（共同出版者・流通責任者）
　　　　　　　　　　〒162-8710　東京都新宿区東五軒町6-24
　　　　　　　　　　TEL.03-5261-1171 FAX.03-3235-4645
デザイン・DTP ………柏倉栄治
印刷所……………………株式会社シナノパブリッシングプレス

ISBN978-4-8021-3380-7 C0026